¿Quién teme a los griegos y a los romanos?
En defensa del diálogo con los clásicos

Maurizio Bettini

¿Quién teme a los griegos y a los romanos?

En defensa del diálogo con los clásicos

Traducción de Manuel Cuesta

Alianza editorial
El libro de bolsillo

Título original: *Chi ha paura dei Greci e dei Romani? Dialogo e cancel culture*

Primera edición: septiembre de 2025

Diseño de colección: Estrada Design
Diseño de cubierta: Manuel Estrada
Fotografía de cubierta: Album/akg-images

PAPEL DE FIBRA
CERTIFICADA

© 2023 Giulio Einaudi editore s.p.a., Torino
© de la traducción: Manuel Cuesta Aguirre, 2025
© Alianza Editorial, S. A., Madrid, 2025
    Calle Valentín Beato, 21
    28037 Madrid
    www.alianzaeditorial.es

ISBN: 979-13-7009-025-8
Depósito legal: M-11897-2025
Printed in Spain

Índice

9   Prefacio
13 Agradecimientos

15 Diálogo
23 La chispa del conocimiento
28 La comunicación vulgar
32 «Diferencia»: la palabra difícil
36 Una poetisa en el espejo
42 ¿De vuelta a Gobineau?
49 Humanidad
55 *Personae*
66 *Amen and a woman*
74 Cultura de la cancelación
87 *Decolonizing classics*
102 Pero ¿qué son exactamente las *classics*?
109 Esos griegos eran dioses...
116 Llevé mi ejército a Etiopía
122 El ángel de la historia
131 Razones y estereotipos
138 Estudiosos y académicos
143 Estridentes diferencias
151 La anestesia del cómico
162 La fascinación de la sinécdoque
170 La historia y la moral

174   La lanza de Aquiles

181   ¿Quién me liberará de los griegos y de los romanos?

189   Un poderoso presente

203   Apéndice bibliográfico sobre esclavitud y racismo en el mundo antiguo

205   Fuentes de las citas

Prefacio

A lo largo de los años me he encontrado reflexionando en varias ocasiones sobre nuestra relación con los clásicos, o, mejor dicho, sobre qué es para nosotros la cultura griega y romana[1]. La pregunta es compleja y las respuestas que me he dado han sido fundamentalmente dos. Los griegos y los romanos están, por supuesto, en la base de nuestra enciclopedia cultural; y ello por el banal motivo de que, en Occidente, sus libros nunca han dejado de leerse y estudiarse, influyendo profundamente en nuestras representaciones del mundo, en nuestra forma de argumentar y razonar, incluso en nuestros lenguajes. El hecho de que, leyendo la *Eneida*, podamos decir que tenemos un libro en común con el emperador Augusto, con san Agustín, con Dante, etc.,

---

1. Remito al lector a M. Bettini, *A che servono i Greci e i Romani?*, Einaudi, Turín, 2017, y a *id.*, *Homo sum. Essere «umani» nel mondo antico*, Einaudi, Turín, 2019.

dice mucho de la duración de los clásicos y de la influencia que han ejercido en nuestra cultura. Al mismo tiempo, sin embargo, siempre he rechazado esa metáfora que representaba a los griegos y a los romanos simplemente como nuestros «antepasados». Falso. Demasiado fácil. No hay que olvidar, en efecto, que los pueblos, las culturas y las matrices de pensamiento adicionales de los cuales nuestra cultura también «desciende», son demasiados como para poder identificar una única cepa originaria. Por otra parte, los griegos y los romanos son también tan distintos de nosotros por tantos aspectos de su vida y de su organización social, que con razón podemos considerarlos también «otros», es decir, sujetos antropológicos por cuyo medio construir comparaciones entre «nosotros» y «ellos» las cuales nos permitan ver ciertos aspectos de «nosotros» que, de otra manera, bien podrían pasarnos desapercibidos. Para mí, la cultura clásica siempre ha representado, en resumidas cuentas, una escuela de identidad y de alteridad al mismo tiempo; una práctica utilísima, como todas las que nos brindan la oportunidad de mirar dentro de nosotros mismos y, a la vez, mirarnos también desde fuera.

Lo que difícilmente habría podido imaginarme en todo ese tiempo, era que pudiese considerarse a los clásicos, en lugar de sujetos con los cuales identificarse o respecto a los cuales marcar distancias —o ambas cosas a la vez—, sujetos, mucha atención, de los cuales *tener miedo*. Dicho de otro modo: nadie hubiera dicho que llegaría un día en el que se pusiera en guardia a los jóvenes frente a la lectura de las obras griegas y romanas —encasquetando a estas advertencias de peligro o excluyendo algunas, incluso, directamente del canon—, y que los promotores de ese vuelco acusarían a los clásicos de haber contaminado nuestra cultura con el racismo, el sexismo y el supremacismo blanco, llegando al punto de propugnar ni más ni menos que la supresión de su enseñanza. Eso es, sin embargo, lo que ha sucedido. Se trata de un fenómeno reciente, pero sobre todo nuevo e inesperado. E igual que ocurre con cualquier cosa nueva e inesperada, ha hecho necesario volver a reflexionar sobre el mismo problema —¿qué son los clásicos para nosotros?— desde un nuevo punto de vista. Así nació el presente librito: para entender —de algún modo, para asumir— lo que estaba pasando. (En ocasiones los libros se escriben también para educarse a uno mismo, ¿no es cierto?) Pero, para alcanzar tal objetivo, tuve que iniciar la marcha lejos. Y ello por un motivo muy simple: porque a veces está bien que nos fiemos de lo que sucede dentro de nosotros. Como decía Graham Greene: cuando se escribe la primera palabra de un libro, el inconsciente ya ha pronunciado la última. No me pareció, por tanto, casual que, poniéndome a reflexionar sobre el miedo a los clásicos, volviera a encontrarme, con el pensamiento, en un aula de la Universidad de Berkeley, en California, hará cosa de treinta años. Allí había podido experimentar, en efecto, la importancia del *diálogo* y también, en consecuencia, los peligros que su *interrupción* comporta. Porque eso es precisamente lo que ocurre cuando aparece el miedo a los griegos y a los romanos: una interrupción del diálogo entre nosotros y los clásicos, o, más exactamente, entre nosotros y la historia, entre nosotros y el pasado. Partiendo, pues, del diálogo nacido en aquella lejana clase californiana, empecé a desenredar un hilo que me llevó a replantearme el concepto de *diferencia*, a ponderar nuevamente la sobrevaloración de la *identi-*

dad y sus peligros, a volver a poner en el centro la importancia de la *persona*, a hacerme preguntas sobre el uso de lo políticamente correcto —con todas sus ventajas y sus inconvenientes—, y a indagar las razones de la cultura de la cancelación hasta llegar, precisamente, al miedo a los clásicos: a ese fenómeno que lleva el nombre de *decolonizing classics* («descolonización de los estudios clásicos»).

Agradecimientos

Este libro debe mucho en particular a una serie de personas y quiero darles las gracias. Son Maurizio Boldrini —omnívoro lector de periódicos—, quien me pasó sus valiosísimos «recortes» de la prensa italiana; Luigi Spina, amigo de siempre con quien llevé a cabo, en Turín, un primer seminario sobre este tema; Laura Bevilacqua, que excavó para mí en las estratificaciones del debate anglosajón; Frances Starn, elegante escritora, atenta lectora y todavía más aguda observadora del mundo berkeleyano; Simone Beta, Licia Ferro, Mario Lentano y Cristiano Viglietti, generosos lectores (y relectores) de mi manuscrito, pródigos siempre a la hora de proponer añadidos (y oportunos cortes), y, por último, Aglaia McClintock, quien, con sus sugerencias y críticas, a menudo me indujo a enfilar una dirección más adecuada.

Diálogo

Quien tiene por cierta una cosa, ¿está
verdaderamente seguro de ella?

Mijaíl Lérmontov, *Un héroe de
nuestro tiempo*

Aquel año en Berkeley decidí dar clases sobre la adivinación
romana, leyendo en traducción inglesa el texto del *De divinatione* de Cicerón. En los Estados Unidos, la naturaleza de
una asignatura *undergraduate* —o sea: de licenciatura / gra-
do— de temas clásicos puede ser muy distinta frente a la de
una clase de alumnos que asisten a asignaturas análogas en
las universidades italianas. Además de las obvias diferencias
en términos de composición étnica —negros, blancos, asiáti-
cos de varios países, etc.— o religiosa —protestantes de distintas iglesias, católicos, judíos, musulmanes, ateos, laicos, adep-
tos al *New Age*, etc.—, o bien en términos de orientaciones
alimentarias —vegetarianos estrictos, menos estrictos, omní-
voros, etc.—, y aparte también del variado espectro de orientaciones sexuales, hay que añadir las diferencias relativas al
tipo de extracción social. Las diferencias mayores vienen da-
das, sin embargo, sobre todo por el tipo de departamento
universitario del que proceden los distintos alumnos, tenien-

15

do en cuenta que, en el mencionado nivel *undergraduate*, a ciertas asignaturas de *classics* —o sea: de estudios clásicos, de filología clásica, de «clásicas»— no solo asisten, como ocurre en Italia, alumnos de dicha filología o de otras filologías —de ese ámbito de estudios universitarios que, hasta hace no tanto, se llamaba «letras»—, sino también biólogos, químicos, ingenieros —científicos, en resumidas cuentas—, o cualquier otro perfil que, por cualquier razón, haya optado por añadir tal experiencia a su currículum.

Me parece, pues, que en aquella clase había varios alumnos procedentes de la ingeniería, de la biología y de otras disciplinas científicas, así como una alumna que venía del departamento de *Comparative Literature*, es decir, de un sitio en el cual se aprende, básicamente, a problematizar cualquier cosa; sobre todo si es algo que normalmente se considera evidente y definido. Había también una chica muy simpática que era hija de una astróloga profesional y que, de esas mismas prácticas adivinatorias que estudiábamos en clase, sacaba el dinero con que pagar las tasas universitarias y asistir a mi asignatura (aparte de la imagen de su propia autoestima en términos familiares). Pues bien: el *De divinatione* de Cicerón es una obra en la cual se afronta nada menos que el tema de si es posible predecir el futuro, o bien —por formular el problema de un modo menos sintético— si los profetas, las profetisas, los locos, los poseídos, los astrólogos, quienes leen auspicios en los dados o en las hojas de los árboles sagrados, quienes observan el vuelo de las aves, explican los sueños o interpretan las vísceras de los animales —en resumidas cuentas: todo el múltiple y variopinto mundo de adivinos que poblaba la Antigüedad clásica— estaban en posesión de una auténtica ciencia de la predicción o no lo estaban. Y ese problema que Cicerón acometía, en seguida se convirtió en una pregunta que suscitó una vivaz discusión en el seno de la clase (un vivaz *diálogo*, de hecho). Pero ¿qué es exactamente un diálogo? Ante semejante pregunta, me cuesta resistirme a la tentación de abrir un (brevísimo) paréntesis filológico.

Todos conocemos el significado de esta expresión, naturalmente; pero remontarse a sus orígenes etimológicos vuelve, sin lugar a dudas, más fascinante aún la práctica comunicativa que así se designa. Hay que decir, antes que nada, que «diálogo» es una palabra griega —como a menudo es el caso cuando se trata de vocabulario lingüístico o filosófico— en la cual rápidamente identificamos un término que tiene una importancia y un significado enormes: *lógos*. Ahora bien: *lógos*, para los griegos, en rigor designa tanto la «palabra» —es efectivamente un derivado del verbo *légo*, «decir», «hablar»—, como, más en general, el «discurso», el «relato». Pero con *lógos* también se designa —y esto supone el salto más interesante— la facultad que hay *detrás* de la palabra o del discurso, es decir, el pensamiento, el intelecto. Digamos que, para los griegos, el *lógos* es una palabra-intelecto, un discurso-razón, una dimensión en la que el pensamiento se hace palabra y viceversa. Porque cuando se habla o se cuenta algo, al mismo tiempo se ponen en marcha nuestros procesos mentales, mientras que el pensamiento y la razón encuentran la manera de exteriorizarse, y aun de organizarse, precisamente a través del lenguaje. O al menos así lo veían los griegos. La cuestión es que, si el *lógos* es un discurso-razón, ¿qué es un *diá-logos*?

Aquí entra en juego —como puede verse— un preverbio, *dia-*: una partícula que indica, en primer lugar, una «división». Por el mismo motivo, sin embargo, *dia-* designa también un movimiento «a través» de algo —en sentido espacial—, mientras que en sentido temporal implica una «duración» (cuando se va «a través» del tiempo), un «intervalo» (cuando el tiempo «se divide») o una «sucesión» (cuando el tiempo se articula en determinado número de porciones). Tal es el significado de *dia-* para los griegos. Y, así, el *lógos* se convierte, si lleva delante esta partícula, en un discurso-razón que avanza de través, en sucesión, a intervalos, «dividido» entre dos o más *agentes* que lo ponen en movimiento. Del mismo modo el *lógos* se convierte, cuando va precedido de *epi-* —que significa «encima»—, en un discurso-razón que se superpone, que cierra (en un «epílogo», pues). Y, cuando va precedido de *kata-* —que significa «debajo de»—, pasa a ser un discurso-razón descendente, es decir, una lista que va desde arriba hacia abajo (un «catálogo», pues). Conque un diálogo / *diálogos* se presenta, puesto en relación con sus orígenes etimológicos, como un movimiento de discurso y pensamiento que avanza «de través» —con interrupciones, intervalos, sucesiones— en una suerte de polifonía en la cual se van poco a poco componiendo los *lógoi* de los distintos agentes. Y eso fue lo que nos pasó, en aquella clase de Berkeley hace ya tantos años, cuando entablamos nuestro «diálogo». Cicerón nos hizo una pregunta: «¿Se puede dar crédito a la adivinación?». El *lógos* entonces empezó a dividirse —a articularse, a componerse— en una pequeña polifonía caracterizada por una gran vivacidad.

Debo decir que quedé bastante sorprendido por la rotundidad con que el grupo «cientificista» rechazaba cualquier posibilidad de responder afirmativamente a la pregunta que se había planteado, a saber, si se puede dar crédito a la adivinación. Respondían que no sencillamente porque los métodos con los que se recurre a esta práctica, no se corresponden con los de la ciencia; punto final. Y, así, también mi asignatura resultaba ciertamente curiosa, pero en definitiva poco productiva: se trataba solo de supersticiones. A lo que yo trataba de responder que, si se quiere entender una cultura, hay que esforzarse por entrar en sus marcos mentales más característicos (como en aquel caso eran los que la adivinación representaba para los romanos); también, y sobre todo, cuando tales marcos no se corresponden con los nuestros. Frente a la rotundidad de los cientificistas, la reacción de la hija de la astróloga fue cortés, pero firme: hay cosas que no cabe someter a verificación científica, mientras que múltiples fenómenos considerados por la ciencia inaceptables e inexplicables hace solo cien años, luego fueron aceptados y explicados. En cuanto a la alumna de *Comparative Literature*, ella replicó con que, a juicio suyo, los supersticiosos eran, bien mirado, los biólogos y los ingenieros, ya que depositaban en el pensamiento científico el mismo tipo de fe ciega que mucha gente deposita en los astros o en lo sobrenatural. Y prosiguió su discurso con una distinción que, a lo primero, pareció prometedora, a saber, que ella no tendría el menor problema en aceptar que alguien consultara en privado a astrólogos, pero sí que le costaría conceder la misma libertad a Nancy Reagan —la esposa del anterior presidente, la cual parece que era una apasionada de esas prácticas—, porque no le gustaba la idea de que una persona que podía influir en el destino de todo un país, orientara sus opiniones con base en el horóscopo. La propuesta pareció, como iba diciendo, a lo primero sensata y prometedora. Se trataba, en efecto, de distinguir con base en el rol y en la función social —en el impacto público, digamos— que podían ejercer personas que tuvieran fe en prácticas como la astrología, lo que haría menos atractiva la libertad de dejarse envenenar por esta. El problema era cómo conseguir tal cosa. ¿Recurriendo a la *moral suasion* (≈ «persuasión moral»)? ¿Suscitando algún tipo de reprobación social? Pero el principal problema que se presentó fue otro. Hacía algún tiempo, Bill Clinton, a la sazón presidente del país, había aparecido en televisión diciendo, para sobreponerse al escándalo Lewinsky: «He pecado; he pecado y me quiero arrepentir», dejando entender también que habría estado dispuesto a someterse a un *pastoral counseling*, esto es, a un ciclo de encuentros con un pastor de su Iglesia para que lo ayudara a encontrar el camino recto. Y ahí surgió la duda de que, si se le negaba a Nancy Reagan la posibilidad de influir en el curso de la política estadounidense siguiendo los consejos de un astrólogo, entonces alguien —por ejemplo una persona laica— habría podido reaccionar lamentando que, en el caso del presidente Clinton, el curso de la política estadounidense se decidiera bajo la influencia de un individuo que igualmente creía en lo sobrenatural. Esto había de provocar, sin embargo, la reacción inmediata de los cristianos o de los judíos presentes, quienes no habían de aceptar sin más la idea de que la Biblia se pusiera en el mismo plano que el horóscopo. Añádase que algunos de los científicos admitían que eran creyentes. Y todos o casi todos mis alumnos pertenecían, quisieran o no —aunque esto lo añado ahora—, en cualquier caso a un país donde los presidentes electos juran sobre la Biblia, el dólar lleva la leyenda *In*

God we trust («En Dios confiamos»), y, al menos según afirma Ian McEwan, el noventa por ciento de los ciudadanos se declara seguro de la existencia de Dios, el cincuenta y tres por ciento es creacionista, el cuarenta y cuatro por ciento considera que Jesús volverá para juzgar los pecados, y únicamente el doce por ciento se identifica con el evolucionismo[1]. Es resumen: que el pastor que daba sabios consejos a Clinton gozaba, en la sociedad estadounidense, de una posición harto más sólida que la astróloga de Nancy Reagan o que la madre de mi alumna. O sea: un lío de mil demonios, se acometiera por donde se acometiese.

Y, así, la discusión terminó enfilando un camino tan inesperado, como —para mí— interesante, porque se centró por completo en una pregunta *distinta* de la inicial: cómo pueden discutirse ciertos temas bastante delicados sin ofender los sentimientos del prójimo. Conclusión bastante berkeleyana, al menos en aquella época, en la que las consignas más recurrentes en los pasillos de la universidad eran «No quiero herir tus sentimientos, pero...» o «Te estoy pidiendo que me respetes en mi condición de...»[2]. Tal actitud se correspondía con la aparición de la llamada «corrección política» *(political correctness)*, con la aparición de la idea de lo «políticamente correcto» *(politically correct)*; lo cual entiéndase, como mínimo, en el sentido de que, en un contexto donde se encuentran conviviendo personas inevitablemente caracterizadas por procedencias étnicas y culturales, for-

---

1. Véase I. McEwan, *Blues della fine del mondo*, Einaudi, Turín, 2008, p. 11. [Es trad. italiana de una conferencia titulada «End of the World Blues» que el mencionado autor pronunció en la Universidad Stanford en junio de 2007].
2. «I don't want to hurt your feelings, but...» y «I am asking you to respect me as...», respectivamente.

mas de pensar y orientaciones religiosas o sexuales de tipo profundamente divergente, si la gente quiere poder seguir hablando de cosas no banales para que continúe avanzando el conocimiento, la primera necesidad que se impone consiste en intentar no ofenderse los unos a los otros.

La chispa del conocimiento

Cada quien recibe su saber de otro:
así fue antaño; así es hoy.
Y en absoluto es fácil encontrar las puertas
de palabras nunca dichas.

BAQUÍLIDES, *Peanes*

Muchos años después, aquella discusión berkeleyana me vino a la memoria con motivo de otra asignatura (impartida, esta vez, en Italia); fue cuando leímos en clase unos pasajes de un texto realmente extraordinario: la carta séptima de Platón. Se trata de una epístola dirigida a los parientes y amigos de Dion, quien había sido tirano de Siracusa entre el 357 y el 354 a. C., año en que murió a manos de Calístrato. Platón, en su carta, evocaba la época en que, junto con Dion, tratara de instruir al joven Dionisio II para convencerlo de que diese vida a un régimen dirigido por un rey inspirado en la filosofía. Aquel intento común de Dion y Platón había fracasado estrepitosamente, causando de hecho al célebre filósofo repetidas e ingratas desventuras. Recordamos estas circunstancias únicamente para poner en guardia a cualquiera que, en un momento de euforia, tuviera la tentación de convertir en «filósofos» a algunos de nuestros políticos (incluso eminentes). Admonición, por lo demás, inútil, teniendo en cuenta que el ingente trabajo que haría falta para cumplir semejante plan, desalentaría a cualquiera de acometerlo. Pero, volviendo a Platón, no era tanto el contexto histórico de su carta séptima lo que en aquella asignatura nos interesaba, sino más bien los párrafos en que este autor defiende con denuedo la *discusión oral* frente a la práctica de la escritura, una práctica que a él, como es sabido, no le hacía ninguna gracia.

En esta parte de su texto, el filósofo articula una teoría del conocimiento demasiado compleja como para referirla aquí. Bastará con sintetizar únicamente los pasajes que se ocupan del tema del *diálogo*, que es el que ahora más nos interesa. Y los puntos relevantes al efecto, se pueden resumir sumariamente como sigue. Al conocimiento «de las cosas que son», se llega mediante la combinación de cinco elementos: el primero es el nombre *(ónoma)* del objeto a conocer; el segundo, el discurso *(lógos)* relativo a dicho objeto; el tercero, la imagen *(éidolon)* que lo representa; el cuarto, el conocimiento *(epistéme)*; el quinto, el objeto mismo del conocer *(ho [...] gnostón)* en cuanto que realmente existente *(alethós [...] ón)*. Ahora bien: para Platón, al conocimiento del quinto elemento —que es el punto al que todo tiende— no se llega plenamente si no se poseen los otros cuatro. El proceso es el siguiente: es necesario

pasar a través de todos estos elementos, llevándolos arriba y abajo desde uno a otro; y al final, con mucho esfuerzo, se logrará hacer que nazca, en quienes posean una buena naturaleza, el conocimiento *(epistéme)* de lo que tiene una buena naturaleza. Pero, si la naturaleza no es buena, [...] entonces todo se corrompe y, a tales personas, ni siquiera Linceo [*i.e.* el héroe capaz de ver incluso a través de los objetos] podría darles la vista[1].

Conque así están las cosas: quien quiera conocer de verdad, tendrá que poseer, en primer lugar, una «buena naturaleza». Tal es el requisito necesario y, si falta, queda fuera del alcance de la vista la *epistéme*, la cual se obtiene mediante ese «arriba y abajo» que tiene lugar entre los distintos elementos (como si de un juego de la petanca se tratase).

Más adelante, Platón expresa más o menos la misma postura a través de una metáfora un poco diferente. De los «elementos» que conducen al conocimiento, se dice que están siempre moviéndose. Cuando se encuentran, sin embargo, el resultado es bastante sorprendente: «Cuando se logra, con empeño, que todos estos elementos —nombres, discursos, imágenes y percepciones— se *froten (tribómena)* los unos con los otros y se discutan con preguntas y respuestas en debates carentes de acritud y hostilidad, entonces de improviso *refulge la chispa (exélampse)* de la sabiduría (*phrónesis*) y de la inteligencia (*nóus*) respecto a cada cosa, [lo cual sucede] con cuanta intensidad cabe en los límites y en las capacidades humanas»[2]. De manera que la sabiduría y la inteligencia sobre las cosas —la comprensión de estas— salta como una *chispa* provocada por el «frotamiento» de los distintos elementos que son movilizados y planteados en el contexto de debates mantenidos ¿entre qué tipo de personas? Entre personas capaces de discutir sin hostilidad o acritud. Platón lo había dicho ya: la «comprensión» re-

1. Véase Platón, carta séptima, 342b-343e.
2. Véase *ibid.*, 344b.

quiere, para empezar, una buena disposición «natural»; y ahora vemos que esa disposición se expresa, de manera más definida, en la forma de una «actitud» positiva —exenta de acritud u hostilidad— la cual se pone en práctica en el momento de discutir en grupo sobre determinado tema. Solo entonces podrá surgir la chispa de la sabiduría y de la inteligencia (como cuando se «frotan», junto a la yesca, un eslabón y un pedernal). Y ¿cuánto durará esa chispa antes de volver a apagarse? Nadie puede decirlo: las capacidades humanas son lo que son. Sabemos solo que, en esa ocasión específica —en ese contexto concreto—, la chispa saltó trayendo consigo sabiduría e inteligencia. Tras ello, podemos suponer que probablemente haga falta ponerse otra vez a discutir para ver si vuelve a saltar la misma chispa (o quizás otra).

De manera que aquellos jóvenes alumnos de Berkeley, aunque no hubiesen leído a Platón, sí que intuyeron el sentido de su teoría y se tomaron la molestia de entablar un diálogo —sobre la credibilidad de la adivinación, sobre los puntos flacos de la misma, sobre sus implicaciones políticas y religiosas, sobre el tema de la «creencia» en general— sin ofenderse entre ellos, sin manifestar hostilidad o acritud recíproca. Puede que no llegáramos a dar una respuesta satisfactoria a la pregunta que había planteado Cicerón —«¿Se puede dar crédito a la adivinación?»—, pero fuimos capaces de desarrollar una discusión siguiendo los criterios indicados en la carta séptima. Y alguna que otra chispa sin duda saltó; la sabiduría y la inteligencia encontraron modo de manifestarse. Porque logramos ahondar en numerosos aspectos del problema que Cicerón planteara, y sobre todo en determinadas implicaciones actuales de dicho problema las cuales, a lo primero, en absoluto resultaban obvias. Sea como sea, si en las discusiones de aquella asignatura hubiésemos adoptado las maneras desabridas de ciertos *talk shows* o *reality shows* televisivos, no habríamos podido desarrollar ningún tipo de conocimiento. Pero no solo sobre el tema que discutíamos, sino, principalmente, sobre nosotros mismos; y eso habría supuesto el peor resultado posible. Los cientificistas habrían tachado de embustera a la hija de la astróloga solamente por ser hija de una astróloga, y ella habría reaccionado calificando a los cientificistas de peligrosos fanáticos; la alumna de *Comparative Literature* habría salido con que allí todos eran demasiado estúpidos como para que mereciese la pena discutir con ellos, y los creyentes habrían lanzado anatemas contra la corrupción causada por la cultura laica, mientras que los patriotas los habrían acusado de traidores. (Tal vez se hubieran dado algún empujón). Adiós a la *phrónesis*, adiós al *nóus*: adiós a la *epistéme*. En contrapartida, sin embargo, en torno a los dimes y diretes que se hubieran desencadenado en nuestra clase, sin duda habríamos atraído a un buen número de espectadores y partidarios. «Como en el boxeo», escribió proféticamente Omar Calabrese[3].

3. Véase O. Calabrese, *Come nella boxe. Lo spettacolo della politica in Tv*, Laterza, Roma / Bari, 1998.

La comunicación vulgar

La vida es como la rampa de un gallinero.

Proverbio

De modo que la discusión que se produjo en Berkeley con mis alumnos demostró que lo políticamente correcto podía constituir, al menos en aquella forma, una buena escuela de tolerancia lingüística; y que, lejos de truncar el diálogo —que es algo de lo que hoy se le acusa con frecuencia, como después veremos—, tenía, antes bien, la capacidad de garantizar el desarrollo del mismo, precisamente porque hacía que la palabra recíproca fuera más considerada, más delicada y atenta. Hay que decir, de todas formas, que, quien situara el nacimiento de este modo de expresarse en los campus estadounidenses de las décadas de 1980 o 1990, se equivocaría. Dicho modo de expresarse es mucho más antiguo y su invención se remonta a una personalidad de fama y sabiduría indiscutidas. Por lo menos en lo que se refiere a la corrección lingüística, podemos retrotraernos, en efecto, hasta la Atenas de los siglos VII y VI a. C. y sacar a escena nada menos que a Solón, el gran legislador. Lo cual puede como mínimo demostrar que la necesidad de no ofender, de utilizar el lenguaje de manera comedida y cuidadosa —sobre todo para con determinadas categorías de personas—, es conveniente más allá de la barrera del tiempo y de la diversidad de las culturas. Como refiere Plutarco:

> Fue una brillante idea suya [*i.e.* de Solón] esa que los autores modernos atribuyen a los atenienses, esto es, la de suavizar el fondo desagradable de las cosas escondiéndolo educadamente detrás de nombres eufónicos y gratos: como llamar a las cortesanas «compañeras»; a los impuestos, «contribuciones»; a los guardias de la ciudad, «custodios», y, a la cárcel, «casa». Fue Solón el primero que llamó «liberar de las cargas» a suprimir las deudas[1].

Decir «liberar de las cargas» con referencia a lo que, en la práctica, fue abolir la *esclavitud* por deudas constituía, desde luego, un modo muy cortés de no recordar a los campesinos liberados una condición que el propio Solón había calificado de «malvada» e «indigna» (como los grilletes con que habían encadenado a dichos campesinos)[2].

Aquel debate berkeleyano queda ya verdaderamente lejos, y, desde entonces, muchas cosas han cambiado. De hecho, se han *revolucionado*, literalmente, a nuestro alrededor (sobre todo en lo relativo precisamente a las maneras de comunicarnos y, por tanto, de hablarnos los unos a los otros). Pero no es sino considerando el momento actual como se impone la constatación de que la disposición de ánimo que

1. Plutarco, *Solón*, 15, 2.
2. Véase Solón, elegía 3 (ed. Gentili-Prato), 18 y ss.

había en aquella lejana clase —una disposición orientada al respeto y a la apertura hacia los interlocutores— se ha vuelto aún más necesaria, cuando no indispensable, tras el advenimiento de las redes sociales, teniendo en cuenta que el tipo de interacción global desarrollado a través de estos nuevos medios de comunicación, con frecuencia tiende no solo —o no tanto— a la cháchara inútil, sino antes bien —y cada vez más— a la agresión, al insulto e incluso a la amenaza, como ponen de relieve los investigadores[3]. Se trata, por lo demás, de un fenómeno que también se verifica en los medios de comunicación más tradicionales y consolidados; por ejemplo en la televisión y en la radio, que pueden dar vida a discusiones estudiadamente dominadas por el insulto, por la violencia verbal y, llegado el caso, incluso física. Eso ocurre, como sabemos, en ciertos *talk shows* televisivos por más que en ellos también participen periodistas e intelectuales de cierto peso (no menos dados, sin embargo, a la comunicación vulgar). Broncos espectáculos de este tipo han pasado a ser, de hecho, tan frecuentes en nuestras pantallas, que se han llegado a confeccionar desconcertantes catálogos de los mismos[4].

---

3. Según el informe anual publicado por el observatorio italiano de los derechos llamado Vox —datos anticipados en *La Repubblica* el 22 de enero de 2023—, si en 2021 resultó que el sesenta y nueve por ciento de los tuits eran agresivos o insultantes —siendo el treinta y uno por ciento, en cambio, mensajes «positivos»—, al año siguiente el porcentaje de tuits «negativos» subió hasta alcanzar el noventa y tres por ciento. El colectivo más afectado es el de las mujeres (cuarenta y tres por ciento de los tuits de odio registrados); le siguen los colectivos de las personas con discapacidad (casi el treinta y cuatro por ciento), de las personas homosexuales (casi el nueve por ciento), de los migrantes (más del siete por ciento), de los judíos (casi el siete por ciento) y de los musulmanes (0,15 %).
4. Véase R. Sorrentino y C. Tani —con M. Gianotti—, *Rabbia. L'emozione che non sappiamo controllare*, Mondadori, Milán, 2009, pp. 166 y ss., que constituye un auténtico registro protocolario de la mala educación violenta televisiva

Este fenómeno, sin embargo, se verifica —como es obvio— de manera todavía más tremenda en los *reality shows*.

Por esbozar una irónica historia de los medios de comunicación en Occidente, podríamos decir que, tras la era de la comunicación oral —que fue típica de las sociedades antiguas— y de la comunicación escrita, iniciada con el advenimiento de los distintos alfabetos —entre ellos el fenicio— y disparada con la invención de la imprenta; tras la época, luego, de la comunicación por ondas electromagnéticas —con los afortunados experimentos de Guillermo Marconi—, y sobre todo después de la introducción de la comunicación televisiva y de esa comunicación realizada a través de internet que llega a todos y a todas partes, ahora hemos entrado por fin en la era de la comunicación *vulgar*. Se trata de un fenómeno sustancialmente nuevo, sobre todo en lo que se refiere al carácter ingente —cuando no apabullante— de sus dimensiones, que desde luego no tiene precedentes en ninguna de las épocas que la civilización occidental ha atravesado (y ya son unas cuantas, si se piensa bien). Si algo caracteriza, por el contrario, a los años que estamos viviendo, es precisamente la expansión del lenguaje chabacano, agresivo, que ahora «renta» muchísimo —otra palabra de extraordinaria chabacanería, pero es que así se habla hoy— incluso en los espacios comunicativos que antaño no solo exigían —por lo menos— dominar la sintaxis y carecer de acentos marcadamente regionales, sino sobre todo evitar las palabrotas, los insultos y las insinuaciones gruesas.

a partir de 2008. Para los altercados habidos en la televisión de la década de 1990, el lector puede consultar —si verdaderamente lo desea— el catálogo que tiene a su disposición en https://www.youmovies.it/2022/03/28/famose-risse-diretta-tv.

«Diferencia»: la palabra difícil

> Tanta fuerza tiene la diferencia de na-
> turaleza, que a veces, en la misma cir-
> cunstancia, uno debe darse muerte y
> otro no.
>
> Cicerón, *Sobre los deberes*

Las voces de Rai Radio 3. Te llegan en cualquier momento: durante el día mientras conduces, por la mañana después de ducharte —la lectura de los periódicos, si me la pierdo, me siento culpable—, por la noche preparando la cena... Las ocasiones para escucharlas son infinitas. Se trata de unas voces muy valiosas; espero que nadie las haga callar nunca o las intente volver más lastimeras. Resulta, en cualquier caso, que una de esas voces sale del iPhone no hace mucho y es una señora con acento véneto, diría yo. Es una profesora: una de esas buenas profesoras de las que sigue habiendo tantas en Italia a pesar del modo en que los gobiernos y la sociedad siguen tratando a las docentes y a los docentes. La voz invade la habitación y responde a la pregunta del día. (Las preguntas del día, o bien los temas —musicales o no— igualmente «del día» constituyen, como saben los aficionados a Rai Radio 3, un *leitmotiv* comunicativo de esta emisora). La pregunta era la siguiente: «¿Cuál es, a juicio suyo, la palabra más difícil de pronunciar?». La profesora no se lo piensa ni un instante. No dice ni «democracia», ni «igualdad», ni «justicia» —como sugeriría, quizás, el presentador—, sino «diferencia». Una palabra muy difícil en estos tiempos, dice la profesora con voz seria y firme (probablemente pensando en la clase que la espera). Una palabra que pone en apuros, cuando no provoca directamente miedo.

Después de oír lo que decía aquella voz de Rai Radio 3 —y de reflexionar sobre ello—, terminé preguntándome: «Pero ¿qué es, en realidad, una diferencia?». Desgraciadamente soy un filólogo clásico, conque empecé estableciendo la etimología latina de esta palabra. Vaya por delante, de todas formas, que «diferencia» da miedo precisamente porque empieza con «dif-». Y, si alguien necesitara más aclaraciones sobre esto que digo, podría preguntarle al caudillo albano Mecio Fufecio. Pero entiendo que todos estos extremos que anticipo, bien mirado no resultan demasiado útiles para explicar por qué la palabra «diferencia» asusta. De manera que allá voy.

Esta palabra romance no es, en efecto, sino el vocablo latino *differentia*, término que utiliza por vez primera Cicerón para verter el griego *diaphorá*. Huelga decir que tanto *differentia*, como *diaphorá*, significan ni más ni menos que «diferencia». Hasta aquí, todo es bastante obvio. Descomponiendo la palabra, sin embargo —*dif-ferentia*—, las cosas se vuelven más interesantes. Porque resulta que *dif-* es la adaptación fónica de *dis-*, un elemento que indica separación, desviación —o sea: el hecho de ir «uno hacia aquí, y el otro hacia allá»—, mientras que *-ferentia* viene del verbo *fero*, «llevar». Y, así, una *dif-ferentia* es algo que divide, que separa; porque «lleva a uno hacia una parte, y al otro hacia otra». En realidad, este preverbio *dis-* es verdaderamente un poco inquietante; basta fijarse en las palabras en las que aparece. Lo encontramos, en efecto, en *dis-cordia*, es decir, en la situación que se produce cuando los «cores» —los corazones— siguen rumbos divergentes y dejan de estar, como suele decirse, «de acuerdo». (Para los romanos, el corazón es la sede del conjunto de las facultades espirituales; no solo de los sentimientos). Pero también figura dicho preverbio *dis-* en *dis-similitudo*, que es lo que ocurre cuando no existe ninguna «similitud» o «semejanza», o ha dejado de haberla. Otro ejemplo sería la *di-stantia* (cuando uno «está separado» del otro). O la *di-versitas* (cuando uno se va por una «vertiente», y el otro por otra). Pero ya adelantábamos que, quien deja de una vez por todas claros los peligros que comporta el *dis-*, es sobre todo el caudillo albano Mecio Fufecio.

El cual quiso traicionar a Tulo Hostilio, tercer rey de Roma y famoso guerrero, haciéndole creer que vendría en su ayuda en la batalla que este había de librar contra los habitantes de Fidenas, y manteniéndose en verdad al margen para alinearse, llegado el momento, con el vencedor. Y, como los romanos vencieran igualmente, se presentó ante ellos, con todo el descaro del mundo, fingiendo que había cumplido con su parte como habían acordado. Pero Tulo no picó. Hizo formar, antes bien, a los ejércitos y declaró que el jefe de los albanos había mostrado sentimientos «divididos» entre ambos bandos en lid, razón por la cual merecía un suplico acorde a su comportamiento[1]. Mandó, pues, traer dos cuadrigas y dispuso que ataran a la primera

---

1. Véase Tito Livio, *Ab urbe condita*, 1, 28, 9-11.

la pierna y el brazo derechos de Mecio, cuya pierna y cuyo brazo izquierdos hizo atar a la segunda cuadriga, lanzando entonces a los caballos de ambas al galope. El resultado lo dejamos a la imaginación del lector (al cual sin duda la frecuentación de ciertas series televisivas habrá habituado a la truculencia).

Una vez estirado hacia acá y hacia allá (*dis-tentum*) por sendas cuadrigas, el cuerpo de Mecio fue desgarrado (*dis-trahendum*) en distintos pedazos al llevarse los carros, tras ser impulsados en direcciones opuestas (*in di[s]-versum*), a rastras los pingajos del cuerpo. De manera que, si Mecio pudiera algún día regresar del Hades —hipótesis improbable donde las haya—, sería un óptimo testigo de los siniestros fantasmas que es capaz de suscitar un preverbio aparentemente tan inocuo como *dis-*. La diferencia da miedo porque separa, porque divide: porque «lleva» —para ser exactos— a uno hacia aquí, y al otro hacia allá. De ahí que cueste tanto pronunciar esta palabra.

Una poetisa en el espejo

¿Quién se colocaría ante un espejo y diría, con razón, que es él quien se parece a esa imagen, en lugar de ser esa imagen la que se parece a él?

SAN AGUSTÍN, *Soliloquios*

La diferencia da miedo. Si no se logra, en efecto, que nazca un «debate carente de acritud y hostilidad» —como decía Platón—, de la diferencia pueden derivarse, como actualmente sucede con frecuencia, discusiones violentas o vulgares. O bien puede surgir de la diferencia, y esta es la otra posibilidad —simétrica respecto a la anterior—, la *ausencia* total de debate: un mutismo recíproco cuya única preocupación consiste en cerrar puertas y ventanas a la comprensión.

Muchos recordarán, sin duda, a Amanda Gorman, la joven poetisa afroestadounidense que recitó una de sus composiciones —«The hill we climb»—[1] con ocasión de la investidura del presidente Joe Biden[2]. Aquel día, Gorman se

1. El mencionado poema fue publicado en español por Lumen en 2021 con el título «La colina que ascendemos». *(N. del T.).*
2. Se trata de la última pieza de la recopilación titulada *Call Us What We Carry*. Esta poesía no es ninguna obra maestra, aunque tenga algunos comprensibles (a veces demasiado comprensibles) puntos fuertes. Una valoración cier-

36

granjeó una notoriedad planetaria que los medios de comunicación se encargaron, por su parte, de mantener viva, dedicándole reportajes y primeras planas[3]. Como cabía imaginar, el extraordinario éxito de la joven poetisa dio lugar a que, en una serie de países, en seguida surgiera interés por traducir a idiomas distintos del original el texto de su poesía. Y así fue como la editorial neerlandesa Meulenhoff encargó la traducción a Marieke Lucas Rijneveld, considerado uno de los mejores escritores de los Países Bajos. Pero hete aquí que ocurre algo imprevisible: aquella decisión fue impugnada por algunas activistas según las cuales el editor no tenía que haber elegido como traductor a un hombre blanco, sino a una escritora de color (por ser más indicada para interpretar a una poetisa afroestadounidense). Pues bien: Rijneveld renunció al encargo y la editorial declaró que confiaría aquella traducción a otra persona. ¿Se trató de un suceso fortuito? No. Y no solo porque tal actitud tenga su origen en épocas anteriores. (Hay que remontarse, en efecto, hasta las posturas de ciertos multiculturalistas y deconstruccionistas estadounidenses «duros» que ya estaban activos en las últimas décadas del siglo pasado, y según los cuales «cada quien tendría que leer obras escritas por sus semejantes. [...] Únicamente los negros pueden enseñar la cultura negra»)[4]. No nos hallamos —iba diciendo— ante un fenómeno fortuito porque lo mismo suce-

tamente equilibrada ofrece M. Young, «An expansive new book from Amanda Gorman, celebrity poet and inaugural star», en *The New York Times*, 7 de diciembre de 2021.
3. Véase K. Greenidge, «Amanda Gorman has big dreams», en *Harper's Magazine*, 16 de agosto de 2022.
4. Véase F. Baroncelli, *Il razzismo è una gaffe. Eccessi e virtú del «politically correct»*, Donzelli, Roma, 1996, pp. 26 y 28.

dió, poco después, en Cataluña, donde la editorial Univers había encargado el mismo trabajo a un traductor muy conocido: Víctor Obiols. La agencia literaria de Amanda Gorman, sin embargo, dijo que ni hablar y pidió que se eligiera a una traductora mujer, joven, activista y preferiblemente negra[5]. El asunto, como es lógico, suscitó múltiples discusiones en Europa y en los Estados Unidos, con reacciones de signo opuesto (también negativas). Valga de ejemplo el comedido parecer expresado por la American Translators Association, a cuyo juicio «la cuestión de si la identidad debe constituir o no un factor decisivo de cara a quién pueda traducir a quién, es una forma equivocada de plantear el problema». Más duras fueron las palabras de Nuria Barrios —traductora española de poesía—, para quien la renuncia de Rijneveld supondría, de hecho, una «catástrofe», a lo que añadió que tal renuncia «es la victoria de la política de la identidad sobre la libertad de creación», porque «sacar la imaginación de la traducción significa someter el arte a una lobotomía». Esta escritora concluía afirmando que ella no quiere un mundo «donde solo los blancos puedan traducir a los blancos, donde solo las mujeres puedan traducir a las mujeres, y donde solo las personas trans puedan traducir a personas trans»[6].

De semejante maraña de vetos e impugnaciones surge, en definitiva, este planteamiento: que, para traducir el texto de Gorman, hace falta un «agente traductivo» —llamémoslo así— que *se parezca* a la autora como si fuera un doble suyo. Bien está que algunos sigan considerando, ingenua-

---

5. Véase M. Testa, «Chi può tradurre Amanda Gorman? Quando si confondono letteratura e marketing», en *Micromega*, 2 de abril de 2021.
6. Véase A. Marshall, «Amanda Gorman's poetry united critics. It's dividing translators», en *The New York Times*, 1 de abril de 2021.

mente, que la traducción, para ser buena, ha de ser una especie de «calco» del original. Ese mito de la *fidelidad* traductiva, con sus correspondientes estereotipos misóginos tipo «Guapa traidora, fea fiel» *(Bella infedele, brutta fedele)*, parece, en efecto, que se resiste a morir[7]. Pero que ser un buen (y fiel) traductor suponga imitar o replicar al *autor* o a la *autora* del texto —no el texto solamente—, eso yo no lo había oído nunca. Y, si se acepta semejante principio, nosotros, los filólogos clásicos, tenemos en seguida un problema: ¿qué suerte reservamos a todas las traducciones de Safo que han hecho varones, o bien féminas no homosexuales? Aquella profesora de Rai Radio 3 tenía realmente razón: miedo a las diferencias. O, si observamos el mismo fenómeno desde la perspectiva opuesta, exaltación de *nuestra propia* diferencia para mantenernos alejados de la ajena; una actitud que se traduce inevitablemente en centrarnos en nuestra propia *identidad*; en este caso, en la identidad que hacía falta mantener entre Amanda Gorman y su traductora: Amanda Gorman en el espejo. Y ¿acaso hay algo más idéntico, menos diferente respecto a «nosotros», que nuestra propia imagen reflejada? Llegados a este punto, el diálogo se interrumpe. En el momento de traducir un texto —operación dialógica donde las haya—, hay «interlocutores» a los que no se reconoce validez con base en su identidad étnica o de género.

Es complicado —tanto para un individuo, como para una cultura— acostumbrarse a las cosas nuevas, en el sentido de principios y expectativas distintos de los que están consolidados en el sentir común (hasta el extremo de que se perciben

---

7. Véase M. Bettini, *Vertere. Un'antropologia della traduzione nella cultura antica*, Einaudi, Turín, 2012, pp. 106 y ss.

como los únicos posibles). Y eso no es, en absoluto, positivo. Pero es exactamente lo que ocurre cuando se plantea esa cuestión surgida a propósito de la poesía de Amanda Gorman, la cual pone sobre la mesa el género, la etnia o la cultura de cara la elección de un traductor (en sustitución de los requisitos tradicionalmente exigidos a quien traduce, a saber, competencia lingüística y destreza literaria). La polémica surgida en torno a la traducción de un texto no especialmente relevante en sí mismo —pero sí por el tipo de persona que lo compuso y por la ocasión en que fue recitado— constituye, en efecto, una de esas novedades a las que cuesta hacerse. La discusión que suscitó desplaza el foco de manera que la cuestión ya no sea quién traduce, sino quién tiene la *oportunidad de traducir*. Se echa luz, con otras palabras, sobre un problema completamente real: la escasa presencia de mujeres y negros en el mundo de la traducción y de la literatura en general[8]. Se trata de una reacción, en sí misma intolerante, por parte de quien previamente padeciera exclusión e intolerancia. En este caso entra en acción, como puede verse, un pensamiento de tipo asociativo: el género y la etnia de la autora suscitan, por analogía, el problema del género y la etnia del traductor. No hay un pensamiento argumentativo como el que comportaría un razonamiento basado solamente en un análisis racional de cuáles deben ser los requisitos de un buen traductor[9]. La pregunta se convierte, básicamente, en esta: si resulta que una chica negra ha teni-

---

8. Eso dice la periodista neerlandesa negra J. Deul *cit.* en Marshall, «Amanda Gorman's poetry united critics...», *op. cit.*
9. Sobre las diferencias entre pensamiento racional y pensamiento asociativo —sobre todo en lo que se refiere a lo políticamente correcto—, véase J. Friedman, *Politicamente corretto. Il conformismo morale come regime*, Meltemi, Milán, 2018, pp. 75-76.

do la feliz oportunidad que sabemos, ¿por qué la ocasión análoga de traducir ese mismo texto no ha de ser para otra muchacha negra —perteneciente, como tal, a una categoría escasamente favorecida en esta y otras actividades—, en lugar de para un célebre escritor varón y blanco? De manera que, si este asunto puede dejarlo a uno perplejo por la cosa en sí, es decir, por la forma de elegir a un traductor —pues la pregunta no es *qué sabe hacer*, sino *quién es*—, los efectos colaterales del caso sí que merecen atención y respeto[10]. Queda preguntarse si el ejercicio de la cerrazón, la exaltación de la diferencia que se opone a la apertura hacia el diálogo, es el camino adecuado para acometer el problema colateral que aquí se plantea… o si termina, antes bien, exacerbándolo. Por lo demás, ¿acaso no decía el poema de Amanda Gorman que «nosotros luchamos para […] crear un país atento a todas las culturas, a todos los colores, a todos los caracteres y a todas las condiciones del hombre *(man)*», y también que «debemos dejar al margen nuestras diferencias»? Es curioso que, precisamente tratando de encontrar al mejor traductor de este poema —a su mejor traductora, en realidad—, se empezara contradiciendo el texto del mismo.

---

10. Este asunto de Amanda Gorman se reenfoca en términos colaterales también en L. Saint-Martin, «Do translators need to resemble the authors they translate?», en *The Unesco Courier*, 23 de marzo de 2022. Dicho artículo se centra sobre todo en el exiguo número de escritoras africanas, indias, latinoamericanas, etc., que son traducidas o que trabajan como traductoras. En una encuesta sobre la diversidad promovida por la American Translators Association en 2020, de trescientos sesenta y dos traductores que respondieron, únicamente el dos por ciento eran negros; véase Marshall, «Amanda Gorman's poetry united critics…», *op. cit.*

¿De vuelta a Gobineau?

> ¿Qué pueden comprender de la poesía
> alemana un doctor Klein [judío] y sus
> semejantes? ¿Cómo pueden unos viajan-
> tes de comercio polacos entender las
> honduras del antiguo espíritu germano?
>
> Israel Y. Singer, *La familia Karnowsky*

Es posible que el lector haya pensado que casos como el
que discutíamos en el capítulo precedente constituyen fenómenos elitistas, marginales. Ese pequeño duelo entre
editoriales, traductores, activistas, etc., por defender la
identidad negra y femenina de un «texto», difícilmente
pueda tener, en efecto, ningún impacto real en las sacro-
santas reivindicaciones que cunden entre los cerca de treinta y nueve millones de ciudadanos estadounidenses negros,
quienes aspiran a unos reconocimientos de justicia mayores —mucho mayores— que la mera traducción políticamente correcta de una poesía. Pero no nos dejemos engañar
por el carácter elitista —de campus universitario— que caracteriza sucesos como el recién descrito, porque, bien mirado, en todos los fenómenos culturales, especialmente
cuando pueden desorientarnos, merece la pena ahondar.
Las «extrañezas» son la sal de la antropología, precisamente porque suscitan la reflexión comparativa entre lo que

(normalmente) hacemos «nosotros» y lo que hacen «ellos»[1]. Concretamente el caso que hemos discutido, nos da la posibilidad de echar luz sobre una serie de marcos mentales que están abriéndose paso en nuestro debate político y, por tanto, pronto podrían incidir —o ya inciden— en ámbitos más amplios y de mayor impacto social como pueden ser la escuela o los grandes medios de comunicación, determinando con ello modificaciones incluso profundas en nuestras orientaciones culturales. Intentemos, pues, retomar el problema desde la perspectiva que interesa a nuestro libro, es decir, desde la perspectiva del *diálogo*. Sabemos que esta dimensión del discurso permite al *lógos* —a la palabra-intelecto— dividirse, articularse, componerse dando lugar a una polifonía en toda regla. ¿Qué ha ocurrido, sin embargo, en el caso que estamos analizando? Que la voz de la identidad ha silenciado a otras dos voces fundamentales en el diálogo traductivo: la de la lengua y la de la cultura.

La poesía de Amanda Gorman está escrita en inglés; en un idioma, por tanto, especialmente conocido y hablado en el mundo, y con el cual el catalán y el neerlandés presentan cierta «intimidad» de léxico y sintaxis (intimidad debida tanto a una comparativamente lejana comunidad de orígenes indoeuropeos, como —sobre todo— a múltiples cruces y contactos que han dado lugar a los correspondientes vínculos recíprocos no solo entre estos, sino entre todos los diferentes idiomas que se hablan en el continente europeo). Está claro que el inglés que utiliza Amanda Gorman presenta muchas más contigüidades con el neerlandés de Marieke Lucas Rijneveld, o con el catalán de Víctor Obiols, de

1. *Cf.* pp. 145-147 y 154-157 *infra*.

las que podría resultar tener, por dar un caso, con el igbo de un hipotético traductor o traductora nigerianos. Pero, no obstante tal situación de «intimidad lingüística» entre la autora y los traductores, se rechaza por principio la posibilidad de realizar una versión neerlandesa o catalana del texto de Amanda Gorman. ¿Por qué motivo? ¿Tal vez porque la pertenencia étnica y el género de la autora —no quiero hablar del color de la piel— introducen en su inglés un «genio» particular que *no* sería perceptible / traducible por parte de quien pertenezca a un género / etnia distintos? No podemos excluirlo, dado que, en los Estados Unidos, en el pasado ya fueron expresadas posiciones análogas[2] que de hecho siguen expresándose en el ámbito de otros debates parecidos al que nos ocupa. Eso ocurre, por ejemplo, cuando se reivindican —como veremos mejor más adelante— los elementos específicos que el «cuerpo» de un negro estaría en condiciones de introducir en las preguntas que pueden formulársele a la Antigüedad[3]. (Un «cuerpo»: como si fuera la fisiología de una persona, y no su cultura, lo que caracteriza su vida intelectual). Si resultara que a los candidatos para traducir la obra de Amanda Gorman, verdaderamente se los rechazó con tal criterio —y esperemos que no—, nos hallaríamos ante un fenómeno no solo cuestionable, sino además peligroso. Cuestionable porque negaría la evidencia, en la medida en que el inglés, por las razones arriba expuestas, es *de facto* felizmente traducible al neer-

---

2. *Cf.* p. 37 *supra*, n. 4.
3. Véase cuanto A. Borgna refiere, en *Tutte storie di maschi bianchi morti...*, Laterza, Roma / Bari 2022, a propósito de los planteamientos de Dan-el Padilla Peralta (*cf.* concretamente pp. 20 y ss., así como 43 y ss.). De Padilla Peralta volveremos a ocuparnos luego (*cf. infra* pp. 90 y ss.).

landés o al catalán (dentro, claro, de los límites que *cualquier* acto traductivo plantea de suyo)[4]; y peligroso porque el presupuesto de que la etnia y el género pueden introducir en la lengua un «genio» especial —el cual funge de barrera para quien, no compartiéndolo, quisiera traducirla— termina desembocando en algo de lo que estos movimientos de los que hablamos huyen, por supuesto, como de la peste; a saber: en una inédita forma de racismo. Solo tenemos, en efecto, que sustituir «etnia» por «raza»... y nos descubrimos en compañía de Arthur de Gobineau, el máximo teórico del racismo decimonónico, según el cual entre las «razas» —o, mejor dicho, entre «la inteligencia de las razas»— y sus respectivos «idiomas» existiría una correlación constante que, haciendo de los segundos un fiel reflejo de las primeras, los opondría entre ellos de manera bien marcada. Por consiguiente, «las generaciones sucesivas no se acostumbran nunca a pronunciar correctamente las palabras que sus antepasados no conocían»[5]. Y si sustituyéramos, en la misma línea, el concepto de «género» por categorías como «masculino» / «femenino» —las que manejaba Gobi-

4. Los llamados *translation studies*, que abordan los infinitos problemas epistemológicos planteados por la traducción —por *cualquier* traducción—, actualmente ofrecen una bibliografía vastísima. En el plano más antropológico véase, por ejemplo, P. G. Rubel y A. Rosman (eds.), *Translating Cultures. Perspective on translation and anthropology*, Berg, Oxford / Nueva York, 2003 (*cf.* en particular la introducción, en pp. 1-23). Sobre las distintas «representaciones» de la traducción en las diferentes culturas, véase también Bettini, *Vertere...*, *op. cit.* (*cf.* en particular pp. VII y ss.; 32 y ss., y 88 y ss.)

5. Véase A. de Gobineau, *Essai sur l'inégalité des races humaines*, en *id.*, *Œuvres*, ed. publicada bajo la dirección de Jean Gaulmier, vol. I, Bibliothèque de la Pléiade, Gallimard, París 1983, p. 329 (en la estela de Von Humboldt). [Trad. cast.: *El hombre y las desigualdades raciales. Ensayo sobre la desigualdad de las razas humanas*, Camzo, Torrevieja (Alicante), 2009].

neau—, igualmente encontraríamos en nuestro camino las teorías de este autor sobre la existencia de una «civilización femenina» —a propósito de la poesía lírica de indios y tibetanos—, o bien de «razas masculinas» y «razas femninas»[6].

Si la ruptura del diálogo traductivo silencia la voz del idioma, con más razón acalla la de esa cultura poética y literaria de la cual todo texto es expresión. Pues nadie escribe poesía desde la nada: ni siquiera las manifestaciones poéticas en apariencia más espontáneas e instintivas —como las de aquellos bardos de la Serbia del siglo XX que todavía improvisaban sus baladas acompañándose con el *gusli*— habrían podido dar vida a un solo verso de no haber tenido detrás una tradición de siglos que les enseñaba metros, fórmulas y temas que ritualizar en cada nueva *performance*. Así ocurre con toda la poesía que existe en el mundo: un poeta siempre es hijo de muchas madres y de muchos padres. Amanda Gorman ciertamente no habría podido componer «The hill we climb» si no hubiera tenido detrás a Robert Frost o a Walt Whitman, y sobre todo si antes de ella no hubiera existido una ramificada tradición poética —versificación, conceptos, metáforas...— que en varios puntos es contigua con la que han asimilado también Marieke Lucas Rijneveld o Víctor Obiols. Pero no solo ellos, sino igualmente el público —negro o de otras etnias— que efectivamente aplaudió, entendiéndola, la *performance* poética de Amanda Gorman. E incluso nosotros, que leemos su poesía hoy y en un país que está lejos de los Estados Unidos (de nuevo «entendiendo» lo que la poetisa nos quiso decir).

---

6. Véase *ibid.*, pp. 225, 317, 322, 327 y *passim*.

Debemos tener presente, sin embargo —sobre todo para comprender lo peligroso que resulta erigir barreras allí donde todo nos dice que no las hay, interrumpiendo con ello el diálogo—, que lo que une y conecta a la autora y a los traductores es, más todavía que la tradición poética, en primer lugar la *cultura* (en el sentido que los antropólogos dan a este término): una cultura que, en el caso que nos ocupa, se manifiesta a través de las prácticas y los modos de pensar típicos de Occidente, que inevitablemente conectan a Amanda Gorman con Marieke Lucas Rijneveld o con Víctor Obiols por el mero hecho de que todos ellos viven hoy en países occidentales. Nos referimos a esa compartición de recursos tecnológicos, hábitos alimentarios o comportamentales, formas institucionales o religiosas, etc., en virtud de la cual se han ido generado semejanzas —unas semejanzas, de hecho, cada vez mayores— entre los distintos países occidentales; cuyo tipo de cultura está ahora extendiéndose —de resultas de los procesos que fueron caracterizando a nuestro planeta en el siglo pasado y durante las primeras décadas de este siglo— cada vez más, para lo bueno y para lo malo, también fuera de la zona occidental. En resolución: que la actitud progresista que dio lugar a este debate corre el riesgo, al centrar su atención en las diferencias —sobre todo de género, de etnia o de color de la piel—, de alinearse con la actitud, de signo (lamentablemente) opuesto, de quien fía en esas mismas «diferencias» para cerrar los puertos, luchar contra las ONG o rechazar, de la manera que sea, la acogida y la integración de los distintos, quienes hoy más que nunca están llamando a nuestras puertas.

La verdad es que el problema no se resuelve haciendo que sean exclusivamente negros quienes traduzcan textos escritos por negros —como algunos querrían—, sino que necesitamos exactamente lo contrario, a saber, que haya negros que traduzcan textos escritos por blancos, al mismo tiempo que blancos que traduzcan textos escritos por negros. Mejor sería, de hecho, multiplicar ulteriormente las etnias de los autores y de los traductores para *mezclarlas* todo lo posible. Porque superar los obstáculos que dificultan el diálogo entre los distintos componentes de nuestras sociedades y de nuestras culturas es posible. Siempre y cuando, eso sí, se *quiera* hacer; siempre y cuando tengamos el deseo de entender al otro y nos dirijamos a él con esa disposición de ánimo abierta y accesible que caracteriza a quien acepta cuestionarse también a sí mismo (como la disposición que Platón consideraba necesaria para desarrollar un buen debate). Si lo que prevalece es, por el contrario, una fe ciega en la *identidad* —en el seguir siendo «uno mismo» a toda costa—, entonces el diálogo, la traducción, la comprensión, la acogida y la convivencia se hacen arduas, cuando no imposibles. Verdaderamente tenía razón la profesora de Rai Radio 3: pronunciar la palabra «diferencia» —poner en juego su sustancia—, cuesta mucho. Y hoy parece costar, por desgracia, más que nunca.

Humanidad

> Pienso que el espíritu de humanidad
> empieza precisamente donde las per-
> sonas sin genio creen que acaba.
>
> THOMAS MANN, *La montaña mágica*

De manera que, en casos como estos, la *diferencia* se contra-
pone a la *identidad*, un principio que no hace concesiones
frente a los demás porque, como sabemos[1], presupone necesariamente la *exclusión* de quien no es, en efecto, «idéntico» a «nosotros»: de quien es «distinto» respecto a «nosotros». Salvaguardar la identidad de uno implica la necesidad
de seguir siendo *idem*, de seguir siendo «lo mismo» (de
idem viene *identitas*, la «mismidad»): significa propugnar el
principio de que A = A, lo que equivale a expulsar a cualquier B que pretenda inmiscuirse en esta ecuación autorre-
ferencial. A eso se debe que las activistas o los editores que
defienden la identidad negra y femenina del texto que pro-

---

1. En los últimos veinte años se han multiplicado los estudios sobre esta noción (tan invasiva en nuestra cultura). Fundamentales resultan las numerosas
investigaciones que a este tema ha dedicado Francesco Remotti. Por nuestra
parte podemos recordar M. Bettini, *Hai sbagliato foresta. Il furore dell'identità*,
Il Mulino, Bolonia, 2020.

dujo Amanda Gorman —excluyendo la posibilidad de que traductores blancos y varones puedan hacerlo suyo— terminen, a fin de cuentas, compartiendo marcos mentales parecidos a los de los grupos localistas que defienden la identidad de sus «productos». Resulta desconcertante ver cómo un movimiento que se considera animado por sentimientos progresistas, «de izquierdas», coincide, en los hechos, con tendencias que se inspiran en las raíces, en el «nosotros» (en la derecha, al fin y al cabo). Pero es algo que puede suceder si estas dos formas aparentemente opuestas de interpretar el mundo se articulan, sin embargo, sobre una misma noción: la de *identidad*. Lo cierto es que la identidad se yergue entre las personas, los grupos o los movimientos a la manera de una barrera infranqueable, de una exclusión inamovible. Y ver que semejante perspectiva ocupa, con todo su espectro de exclusiones, un terreno que aspiraba a caracterizarse, antes bien, como de apertura hacia un diálogo correcto y respetuoso entre las personas, nos hace reflexionar sobre los riesgos a los que se ve expuesto no solamente el criterio de comunidad lingüística o cultural, sino la noción misma de «humanidad» común. Este nuevo paso de nuestra reflexión, quisiéramos darlo recurriendo a otro texto clásico: a uno yo diría que ejemplar, y del cual ya nos hemos ocupado con más detalle en otra ocasión[2].

En el *Heautontimoróumenos* (≈ «castigador de sí mismo») de Terencio, el viejo Menedemo trabaja su campo con tesón de la mañana a la noche[3]. No consigue perdonarse por haber impedido a su hijo casarse con la muchacha de la

---

2. Véase Bettini, *Homo sum...*, *op. cit.* (*cf.* en particular pp. 103 y ss.).
3. Véase Terencio, *Heautontimoróumenos*, vv. 53 y ss.

que está enamorado, obligándolo por tanto a marchar lejos como mercenario. Su vecino Cremes, otro viejo, querría conocer el motivo de tal comportamiento y, sobre todo, querría ayudar a Menedemo. Vivimos cerca —le dice—, y eso ya es algo que se asemeja mucho a la amistad y a la confianza. Menedemo, sin embargo, frena a su vecino en seco:

Cremes, ¿tienes tanto tiempo libre que te puedes ocupar de las cosas ajenas, las cuales en absoluto te conciernen?[4].

Es decir: que Menedemo acusa al otro de ser indiscreto, y básicamente lo invita a ocuparse de sus propios asuntos. Cremes replica entonces al viejo huraño con un famoso verso:

Homo sum, humani nil a me alienum puto
(Soy hombre: nada humano considero que me sea ajeno)

Este verso constituye, como vemos, más que un elogio del ser hombre o de la humanidad —que es como suele interpretarse—, un elogio de la *indiscreción* entre hombres. Cremes reivindica para sí la posibilidad de «excederse» en la comunicación interhumana —en el acto de dar vida al *diálogo* recíproco entre diferentes— sobre la base del principio de que los hombres pueden, y de hecho deben, ocuparse de cuanto es humano. De manera que este verso paradigmático, que tantas veces a lo largo de nuestra historia cultural ha fundamentado la caracterización misma de lo que es «humano», nace como una invitación a superar el mutis-

---

4. *Ibid.*, vv. 75-76.

mo recíproco en nombre de la «humanidad» común, condición que permite a Cremes y a Menedemo *hablar* entre ellos, entablando un diálogo entre seres humanos a pesar de los obstáculos y las barreras que querrían impedirlo.

Ahora bien: si hay un tema al que hoy se dedique una gran atención, son los derechos humanos. La conciencia que se está cobrando de la importancia de este principio —gracias también a las numerosas iniciativas legislativas que se han sucedido desde la declaración de 1948— es, verdaderamente, cada vez mayor. Solo que la expresión «derechos humanos» incluye, sí, el sustantivo «derechos» —esos derechos a los que se apela, sobre todo, cuando son negados—, pero también un adjetivo no menos importante, a saber, «humanos». Con otras palabras: que, detrás de este sintagma tan importante para nuestra cultura y para nuestras sociedades, hay también milenios de especulación filosófica que, a partir del estoicismo, fueron poniendo un foco cada vez mayor en la importancia de un umbral común a todos: la *humanidad*. En la existencia, dicho de otro modo, de una sociedad para pertenecer a la cual es necesario y suficiente compartir la característica de ser humano: de poseer, como ya decía Cicerón, *ratio et oratio*, es decir, la «razón» y la «capacidad de comunicarse»[5]. Se trata de un proceso a cuya puesta en marcha contribuyó mucho el verso de Terencio que acabamos de citar —«Soy hombre: nada humano considero que me sea ajeno»—, sobre todo al ser retomado dicho verso por Séneca y por el propio Cicerón[6]. Resulta, así, contradictorio que, en una época en la cual se

---

5. Véase Bettini, *Homo sum...*, *op. cit.* (*cf.* en particular pp. 83 y ss.).
6. Véase *ibid.*, pp. 88 y ss.

apela con insistencia a los derechos humanos —cosa que hacen también, y sobre todo, minorías que se encuentran viviendo en el seno de comunidades más grandes o más poderosas—, ese llamamiento se realice a la vez que, paralelamente, la característica humana común se deja, a fin de cuentas, en segundo plano para privilegiar *identidades* grupales específicas, separadas y, de hecho, a menudo contrapuestas. Incluso en este ejemplo banal de la traducción negada —de esa barrera interpuesta entre la autora y los traductores—, se puede ver que la expansión de la identidad, la apelación perentoria a tal categoría, amenaza con poner en peligro ese diálogo comunicativo entre los sujetos individuales y las culturas que tanta importancia tiene para nuestra convivencia. Como el Cremes de Terencio sostenía ya en el siglo II a. C., la común pertenencia a la humanidad permite, y de hecho *pide*, que a través de la palabra superemos las diferencias que nos separan o podrían separarnos.

El caso Amanda Gorman nos hace enfilar, así las cosas, un «sendero de cresta» desde el cual es muy fácil caerse. Porque de un lado están los efectos colaterales que antes describíamos, es decir, la justa llamada a la inclusión de determinadas categorías en actividades que, como la escritura, la traducción, etc., tienden a excluirlas; y del otro lado está la necesidad de mantener viva, en la comunicación interhumana, esa «indiscreción» que Cremes nos recuerda, teniendo a raya los excesos identitarios. Dicho en pocas palabras: si queremos mantener abierta la puerta del diálogo entre los distintos componentes de nuestra sociedad —continuar en equilibrio, por tanto, en ese «sendero de cresta» que aspiramos a enfilar—, en tal caso no podemos olvidar que, tanto en una ladera, como en la otra, quienes actúan son sujetos cuyo primer atributo es, antes que cualquier otro, el de ser «humanos». O sea: que son *personas*, un calificativo precioso porque no distingue a los seres humanos ni con base en el sexo, ni con base en el género, ni con base en las preferencias sexuales, ni con base en la procedencia étnica o geográfica, ni nada parecido.

En definitiva: que Amanda Gorman, la autora de la poesía, es, en primer lugar, una persona; Marieke Lucas Rijneveld o Víctor Obiols, los traductores negados, son, también ellos, antes que cualquier otra cosa personas, como personas son también las traductoras de esta poesía que fueron aprobadas o declaradas correctas desde la perspectiva de la etnia y del género en Alemania, al tratarse de un grupo de trabajo integrado por tres mujeres: una periodista negra, una escritora de ascendencia turca y una señora alemana[7]. Hagamos desfilar ante nosotros, sobre una pasarela imaginaria, por un momento a todos los intérpretes de este episodio, masculinos y femeninos. Son todos personas.

7. Así resolvió el problema la editorial alemana que se encargó de publicar la poesía de Amanda en ese idioma. Véase Marshall, «Amanda Gorman's poetry united critics...», *op. cit.* en p. 38 *supra*, n. 6.

Personae

> La *persona* que elegimos asumir, depende solo de nuestra voluntad.
>
> CICERÓN, *Sobre los deberes*

«Persona» es una palabra realmente bonita. Qué lástima que, con frecuencia, no se use cuando más útil sería hacerlo. Qué lástima, sobre todo, que no nos venga a la cabeza cuando más falta haría que eso sucediese. Todas esas veces, por ejemplo —siguen siendo demasiadas—, en que un trans o una trans son violentamente estigmatizados por parte de gente en cuyo marco mental no alcanza a encontrar hueco la posibilidad de que el género y el sexo se presenten escindidos, cosa que no solo provoca la ruptura de cualquier posible diálogo, sino además mofa, rechazo e incluso odio hacia dicha diferencia[1]. En semejantes ca-

---

1. Nos referimos, por ejemplo, al trágico caso de la profesora suicida que, después de declararse trans y aparecer en clase vestida de mujer, fue humillada y ofendida por alumnos y progenitores, sufriendo, además, medidas disciplinarias. Aquel hecho fue objeto de una intensa cobertura por parte de los medios de comunicación. Véase por ejemplo A. Giuliani, «La prof trans Cloe si suicida. Per Donazzan era "un uomo vestito da donna". Una studentessa: "I genitori facevano la fila per deriderla"», en *La Tecnica della Scuola*, 17 de junio de 2022.

sos, si en esos marcos mentales tan angostos cupiese al menos la conciencia de que ese trans o esa trans son, antes que nada, personas —personas humanas—, a lo mejor seguiría faltando una auténtica comprensión de a quién se tiene delante —el peso de la tradición, de la religión o de la familia seguirían impidiéndolo—, pero tal vez hubiera menos margen para el escarnio y el odio.

«Persona» posee, pues, un valor social intrínseco, ya que puede ayudarnos a «hacer frente» cuando nos vemos envueltos en situaciones difíciles, ambiguas o críticas. *Persona* posee, en resumidas cuentas, un estimabilísimo *cash-value* (por usar la expresión de William James). La noción de *persona*, que está a disposición de quien a ella recurra, ofrece, en efecto, un «valor monetizable» inmediato, por así decir[2]. James repitió varias veces a qué se refería con esa expresión suya tan pragmática: «El *cash-value* de cualquier concepto reside en la medida en que dicho concepto ayuda al individuo a "hacer frente" y lo respalda en su experiencia efectiva, práctica y concreta». Así sucede en el caso de la noción de *persona*. Quisiéramos añadir, de hecho, que la riqueza y el poderío social intrínsecos de tal noción derivan también de las metáforas culturales a través de las cuales se ha ido formando la misma (a lo largo de un camino que empieza en los romanos y llega hasta nosotros). Esperamos que al lector no le moleste si, para afrontar los problemas del presente, aprovechamos breve-

---

2. Véase G. Cotkin, «William James and the cash-value metaphor», en *Et cetera* XLII (primavera de 1985), n.º 1, pp. 37-46. *Cf.* por ejemplo el prefacio de W. James en *id.*, *The Meaning of Truth*, Harvard University Press, Cambridge (Massachusetts) / Londres 1909, pp. IX-XXIV. [Hay trad. cast. de Ramón Vilà Vernis, *El significado de la verdad*, Marbot, Barcelona, 2011].

mente —una vez más— oportunidades que nos ofrece el mundo antiguo.

En latín *persona* designa, en efecto, en primer lugar, la «máscara»: el artefacto, a menudo elaborado, tras el que el actor oculta su individualidad para hacer explícito cuál es el *papel* que está interpretando en la pieza teatral. Y se trata siempre de papeles genéricos, no individuales; las máscaras teatrales antiguas no remiten nunca a individuos, sino a tipos: el jovenzuelo, el esclavo, el anciano padre... Dada, pues, la función que desempeña —diferenciar los distintos papeles incluidos en una obra de teatro—, el término «persona» también asume la capacidad de designar directamente dichos papeles —o bien «personajes»— que intervienen en la pieza en cuestión. El *adulescens*, el *senex*, el *servus*, la *virgo*, etc., constituyen sendas *personae* de la comedia. Es decir: que, de la *persona* / máscara o artefacto teatral, se pasa a la *persona* / personaje. Y aquí es donde se produce el salto metafórico más significativo, ya que *persona* pasa a designar también los distintos papeles que un individuo interpreta en la vida *real*: las posiciones que en ella ocupa, las funciones que ejerce. Es como si, en el imaginario social, la ciudad funcionase a la manera de una obra de teatro —cuando no de un gran festival teatral— en cuyo seno cada individuo está llamado a interpretar una multiplicidad de papeles. Como explica Cicerón:

> Hay que entender que la naturaleza nos ha hecho ponernos, digamos, dos máscaras (*personae*). De las cuales, una es común a todos —por el hecho de que todos participamos de la razón—, [...] pero la otra se le atribuye a cada individuo. [...] A ambas

máscaras *(personae)* que he dicho, se les añade una tercera que nos impone el azar o la ocasión, y también una cuarta que escogemos nosotros mismos[3].

Ser quien se es, consiste en el hecho de interpretar el «papel» de determinado «personaje» dentro de esa complicada e incesante pieza teatral que se corresponde con la existencia. Hasta el extremo de que Augusto preguntó, en su lecho de muerte, a sus amigos «si había interpretado bien la comedia de la vida»[4]. Esa es la metáfora cultural que está en la base de la noción de *persona*. Una vez inserto, sin embargo, en la vida social, un romano ciertamente no puede esperar que le toque asumir o ejercer una única *persona*. Cicerón enumera cuatro, pero son sin duda muchas más; porque los papeles que cada quien desempeña en la vida, son necesariamente múltiples y van cambiando conforme a las circunstancias. Por eso se dice, con razón, que en Roma no se *es* una *persona*, sino que se *tiene* una *persona*. Se tienen, mejor dicho, varias dependiendo del contexto y de la función que se desempeñe[5]: se es «hijo», «padre», «marido»...; se es «hija», «madre», «esposa»..., y así sucesivamente según los contextos en que el sujeto se encuentre actuando y según el sistema de relaciones que se active en determinado momento. Como se ve, la *persona* de los romanos constituye una noción valiosísima que permite sustraerse a la *particularidad* identitaria del individuo, el cual está marca-

---

3. Cicerón, *De officiis*, 1, 107 y 115.
4. Véase Suetonio, *Augusto*, 991, 1.
5. Véase D. Mantovani, «Identità e persona: un'introduzione», en A. Corbino, M. Humbert y G. Negri (eds.), *Homo, caput, persona. La costruzione giuridica dell'identità nell'esperienza romana*, IUSS Press, Pavía, 2010, pp. 3-48.

do o definido por un nombre propio, por la pertenencia a una estirpe, por su procedencia geográfica, por sus características étnicas, sexuales, de género, etc. La *persona* identifica a alguien únicamente con relación al papel y a la posición que, según las circunstancias, va ejerciendo en la sociedad; es decir: que «le hace pasar [a ese alguien] de individuo a intérprete»[6]. Un mismo sujeto puede «tener», aunque siga siendo él mismo siempre, muchas *personae* sin llegar a nunca a «identificarse» de manera absoluta, ni mucho menos, con ninguno de los papeles que representa. De ahí que «persona» sea una palabra de libertad. Probemos a pensar, por ejemplo, a través de la categoría romana de *persona* en el trans o en la trans que arriba mencionábamos. Podremos cobrar por fin conciencia de que no tenemos delante simplemente a un trans o a una trans —esto es: a un o a una integrante de un grupo *identitario* circunscrito y exclusivo—, sino a una *persona* que vende ropa en una tienda, y además a una *persona* a la que le gusta salir a correr durante el fin de semana, y además a una *persona* que tiene una familia con la que cena el día de Navidad, y además una *persona* que paga (o no paga) sus impuestos…, y luego *también*, en caso de querer darle importancia, una *persona* en la que el sexo y el género difieren. Una persona, en resumidas cuentas, liberada por fin de esa marca identitaria exclusiva (hecha de género y sexo) mediante la cual normalmente se la *esencializa*.

La libertad personal de que este término goza —si se nos permite el juego de palabras—, queda confirmada por el hecho de que el mismo también permite resolver por lo me-

---

6. Véase E. Stolfi, *La giustizia in scena. Diritto e potere in Eschilo e in Sofocle*, Il Mulino, Bolonia, 2022, p. 13.

nos algunos de los problemas de este tipo que hoy parece que aflijen a nuestro idioma. Tanto en latín, como en italiano[7], «persona» es, en efecto, una palabra femenina susceptible de designar indistintamente a hombres y a mujeres, a sujetos masculinos y a sujetos femeninos (o a cualquier otro sujeto de carácter fluido). No solamente se trata, pues, de un término que borra las diferencias de género —porque si digo «esta persona», mi interlocutor no puede saber si estoy hablando de un hombre, de una mujer o de cualquier otro sujeto—, sino que, además, y esto es algo verdaderamente interesante, al menos por una vez el papel de género no marcado lo desempeña —cubriendo, por tanto, el masculino y el femenino a través de uno solo de ambos géneros— no el masculino, como suele suceder, sino el femenino. Sabemos, en efecto, que, en italiano, el género gramatical inclusivo, «paraguas», no marcado o —valga la redundancia— genérico[8], es decir, el que se utiliza con referencia tanto al masculino, como al femenino, es el primero de ambos[9]. En el caso de «persona», por el contrario, el género no marcado es el femenino: *la* persona de la que hablo, puede ser tanto un doctor, como una doctora; tanto un investigador, como una investigadora. «Fanta-Ghirò, persona bella...», reza la antigua sabiduría de las fábulas[10]. Algún

7. Las afirmaciones que siguen también pueden aplicarse a la lengua española. *(N. del T.)*.

8. Esta paráfrasis tan recargada y tan explicativa, recoge un harto más sencillo «il genere sovraesteso». *(N. del T.)*.

9. Véase A. de Benedetti, *Così non schwa. Limiti ed eccessi del linguaggio inclusivo*, Einaudi, Turín, 2022, pp. 22 y ss. Cuando llamo «al médico» [*il medico*], entiendo que puede venir a visitarme tanto un doctor, como una doctora; y también de una investigadora se dice que es «miembro» de un grupo de investigación, etc.

10. El entrecomillado no está traducido: es el italiano original. *(N. del T.)*.

lector recordará este cuento popular, la historia de una bella muchacha que, haciéndose pasar por varón, luchó contra el rey enemigo con atuendo de guerrero y logró sustraerse a cuantas trampas este le tendía para dejar al descubierto su secreto[11]. Bella era, por tanto, Fanta-Ghirò: una muchacha muy bella. Como le tocó, sin embargo, ser fémina y varón al mismo tiempo, la fábula la califica de «persona» bella.

Lo cierto es que la presión —en otras ocasiones hablábamos de «tenazas»— que la identidad está ejerciendo sobre nuestras sociedades, está fragmentando estas en múltiples grupos distintos que se forman desde el convencimiento de una autocontención y una compacidad «idénticas». Muchos son, en efecto, los ejemplos actuales de fragmentación identitaria. El problema es, si acaso, por cuál criterio diferenciador optar: por el nacional, por el regional, por el étnico, por el lingüístico, naturalmente, o incluso por el gastronómico-alimentario (en la [falsa] convicción de que la comida constituye uno de los rasgos más relevantes de la identidad grupal)[12].

En general es como si, en los últimos treinta años, los grupos en que se articula —o cree articularse— nuestra sociedad, se hubieran ido esencializando e «indigenizando» progresivamente (sobre el modelo, entiéndase, de las comunidades étnicas minoritarias y oprimidas que en distin-

11. Véase I. Calvino, «Fanta-Ghirò, persona bella» (fábula de Montale Pistoiese), en *id.*, *Fiabe italiane*, Einaudi, Turín 1956, n.º 69, pp. 290 y ss. [Hay trad. cast. de Carlos Gardini, *Cuentos populares italianos. Recopilación y versión de Italo Calvino*, Siruela, Madrid, 2005].
12. Recogí numerosos ejemplos de identidad alimentaria en *Hai sbagliato foresta...*, *op. cit.* (*cf.* en particular pp. 19 y ss.).

tas partes del mundo luchan por reivindicar su identidad). Eso ha ocurrido, algunas veces, en el marco de una transformación verdaderamente paradójica, es decir, mediante la indigenización de grupos *mayoritarios* que intentan defender su identidad contra grupos *minoritarios*, por ejemplo «italianos» o autóctonos de determinada región que se sienten amenazados por grupos (bastante limitados) de inmigrantes[13]. Estas formas de indigenización a menudo han sido una reacción dictada por el miedo a los efectos del globalismo: un miedo, en sí mismo, justificado, pero al que se ha intentado poner remedio imprimiendo a la cultura un movimiento retrógrado de carácter ficticio e ideológico. Se trata, inevitablemente, de un proceso fluido, ya que, con el tiempo, las distintas indigenizaciones pueden experimentar metamorfosis, como por ejemplo sucedió en Italia con la indigenización «véneta» (/ «lombarda»), que pasó a ser genéricamente «padana» para acabar diluyéndose en un proyecto global y carente de identidad específica, tras lo que quiso de nuevo ser «véneta», «lombarda», «friulana»..., y fue luego paulatinamente fraccionándose y recomponiéndose.

En un sentido del todo opuesto a esta proliferación de identidades minoritarias, diríase, por el contrario, que nuestro país ya estuviera experimentando una indigenización de carácter soberano, patriótico —*Italiano* con mayúscula—, en oposición a una Europa unida a la que se querría transformar en un mosaico formado por otras tantas pequeñas patrias identitarias. Esta nueva versión *nacional* de la indigenización italiana se encontrará inevitablemente en

13. Véase *ibid.*, pp. 75 y ss.

conflicto con las pulsiones regionalistas recién dichas —¿lograrán hacer como si nada?—, pero sin duda actuará en régimen de *exclusión* respecto a todas las demás comunidades extranjeras presentes en el territorio de nuestro país, sobre todo respecto a quien, de una forma u otra, trate de entrar en Italia para aumentar el número de tales comunidades (como ya está ocurriendo). Es de prever que se multipliquen los llamamientos a las supuestas «raíces» de los italianos, con referencias a la identidad común de estos y también con un marcado énfasis en la tradición —Dios, patria, familia «natural», matrimonios preferiblemente religiosos— en oposición a las reivindicaciones planteadas por distintas minorías con las que el *diálogo* se hará inevitablemente más difícil. Dicho de otro modo: teniendo en cuenta que fenómenos como el testamento vital, las uniones civiles, la píldora abortiva ru-486, las familias arcoíris, los derechos LGBTQ+, el suicidio asistido, la eutanasia, la calificación criminal de la homofobia y de las ofensas racistas —las cuales dejan, por tanto, de verse como desenfadadas manifestaciones jocosas—, teniendo en cuenta, decimos, que este conjunto de costumbres no forma parte de la «tradición» italiana —pues no han brotado de nuestras «raíces»—, resulta que unas reivindicaciones o unos derechos que ha costado muchísimo conquistar, van a tener una vida más ardua. Va a costarles, en efecto, encontrar sitio en un país indigenizado: en una Italia nación fundamentada en valores patrióticos del pasado que se mantienen vivos artificiosamente por motivos ideológicos.

Hemos llegado al extremo de oír las declaraciones públicas de un ministro —de Cultura, no de Agricultura— según el cual «el fundador del pensamiento de derechas en Italia fue Dante Alighieri»[14]. De hecho, aquella afirmación fue algo tan pasmoso e increíble en su absurdez, que le hace a uno sospechar que en ese instante no estuviera hablando el ministro, sino algún espíritu maligno que se habría apoderado de su voz para desacreditarlo. En realidad, pensamos que este disparate también se corresponde con un zafio, pero astuto plan dirigido a exacerbar la mencionada indigenización de Italia. No hay que olvidar, en efecto, que, desde las primeras celebraciones dantescas —que tuvieron lugar en 1865—, Dante Alighieri ha sido sistemática y progresivamente construido, en la retórica pública, como el gran patrono laico de la cultura italiana, el patriarca, el fundador[15]. No es casual que se le asigne el epíteto de «padre»: «el Padre Dante». Y en Rávena le dedicaron incluso un santuario. De modo que, en su deformación nacionalista, el personaje de Dante —el «italiano más italiano que haya habido nunca», como escribía Cesare Balbo— termina convirtiéndose en la quintaesencia de la *identidad* nacional. Y, así, teniendo en cuenta que Dante, o sea, el patriarca de la nación, es —palabra de ministro— el fundador de la cultura de derechas, la identidad *italiana* no podrá sino ser, a su vez, «de derechas».

---

14. Hizo tal afirmación Gennaro Sangiuliano —ministro, como hemos dicho, de Cultura— en una entrevista que concedió a Pietro Senaldi durante la verbena milanesa del partido político Hermanos de Italia (= Fratelli d'Italia) a la que se dio el nombre de *Pronti, candidati al via* («Candidatos, ¡en sus marcas!»); véase el correspondiente comunicado de la agencia de noticias Ansa (15 de enero de 2023). Aquella declaración suscitó una nube de polémicas de las que se hicieron amplio eco los medios de comunicación. Irónico y profundo fue el bonito texto de C. Bologna «La farsa del "Dante di destra"», aparecido en *Insula Europea* el 24 de enero de 2023.

15. Véase E. Irace, *Itale glorie*, Il Mulino, Bolonia, 2003, pp. 150 y ss., así como G. Antonelli, *Il Dante di tutti*, Einaudi, Turín, 2023, pp. 29 y ss.

En semejante contexto no sabemos, en definitiva, ni siquiera prever qué importancia lograrán mantener esas nociones que arriba comentábamos (reivindicando, de paso, su valor): las nociones de «hombre» —en el sentido de «ser humano»—, y de «persona». Como escribía Joseph de Maistre: «En mi vida he visto franceses, italianos, rusos, etc. Gracias a Montesquieu, también sé *que se puede ser persa*. En cuanto al *hombre*, sin embargo, declaro que no me lo he encontrado jamás en mi vida. Si existe, yo no lo conozco»[16]. Esperemos no tener que caer en tal trampa de nuevo.

---

16. Véase J. de Maistre, *Considérations sur la France*, 2.ª ed., Basilea / Londres, 1797, p. 102. [Hay trad. cast. de Alejandro García Mayo con un estudio introductorio de María Luisa Guerrero Alonso, *Consideraciones sobre Francia*, Escolar y Mayo, Madrid, 2015].

Amen and a woman

> El papa es dueño de las cabezas,
> pero no de las lenguas.
>
> Antiguo proverbio

¿Podemos seguir afirmando que lo políticamente correcto constituye un lubrificante del diálogo, como decíamos al principio? En los últimos veinte años, los medios de comunicación no han dejado de consignar ejemplos de lo contrario, o sea, casos de una corrección política «extrema», a menudo paradójica en su cerrazón y rigidez; más parecida, en ocasiones, a puros y duros chistes —y sospechamos que a menudo lo son—, que no a expresiones reales[1]. Razón por la cual, aducir más ejemplos de tales excesos se nos antojaría inútil, aparte de obvio. El problema no es ridiculizar o defender, sino entender, al menos un poco más, cómo funciona este fenómeno. A cuyo efecto, sin embargo, podemos analizar por lo menos un caso específico de corrección po-

---

1. Sobre lo políticamente correcto manifestó unas opiniones especialmente severas y meditadas Luca Ricolfi en un extenso artículo titulado «Politicamente corretto, le cinque varianti delle parole», y aparecido en *La Repubblica* el 31 de octubre de 2021.

lítica extrema, toda vez que hacerlo nos permite alejar la mirada de la polémica —a favor o en contra de este fenómeno— y nos proporciona, en cambio, una serie de claves para abrir una reflexión más general.

Estamos en el Congreso de los Estados Unidos; es la sesión inaugural de 2021. Emanuel Cleaver, pastor metodista y representante demócrata del estado de Misuri, acaba de leer su rezo, al cual ha dado fin —imagino que con cierta sorpresa por parte del auditorio— con la expresión *amen and a woman*[2]. Obviamente, Cleaver interpretó *amen* como si fuese *a man* —pronunciado «e men»—, o sea, como la suma del artículo *a* y del sustantivo *man* («hombre»), es decir, «un hombre». A esta palabra le añadió inmediatamente, por paridad de género, *a woman* —es decir: «una mujer»—, como si, tras pronunciar la palabra *chair-man*, se hubiera sentido obligado a decir también *chair-woman*. Cleaver, ¿realmente malinterpretó el sentido de *amen* por ignorancia, como se apresuró a reprocharle un senador republicano? (El cual, por lo demás, acusándolo de no saber latín, puso de manifiesto su propia ignorancia, teniendo en cuenta que «amén» es, como se sabe, palabra hebrea). No tiene sentido pensar que el pastor Cleaver llevara toda su vida creyendo que decía «un hombre» cada vez que decía *amen*. Mucho más verosímil es que, cerrando de aquel modo la plegaria que pronunció ante el Congreso, quisiera hacer una suerte homenaje al lenguaje de género, al lenguaje inclusivo, con un calambur que a nosotros puede parecernos fuera de lugar en una ocasión tan solemne, pero que, justa-

2. Véase el *Huffington Post* del 5 de enero de 2021. En internet se encuentra el vídeo del rezo en cuestión, con su correspondiente audio.

mente por eso, resulta especialmente revelador. Tengamos presente, por tanto, que el *contexto* en que Cleaver se encontraba hablando no era el de un mero oficio divino dominical, sino una asamblea de carácter cien por cien «político». Y, en los Estados Unidos, la cuestión del género tal vez sea —igual que el asunto de la etnia, de las minorías y del color de la piel— *la* cuestión política por excelencia. Se trata de un tema *hot*, candente. Es comprensible, así las cosas, que, cuando a aquel orador le encargaron leer una plegaria en semejante sede, él pensara de inmediato en *eso*, en la cuestión del género, por más que, desde un punto de vista racional, el cierre del texto que leía no llevase en absoluto a aquello. Otro ejemplo, en resumidas cuentas, de pensamiento *asociativo*, es decir, no lógico ni argumentativo. Porque *amen* ciertamente no tiene nada que ver con *man*, pero aquí vuelven a prevalecer los «efectos colaterales» que suscita la situación a la que nos referimos[3].

El *amen and a woman* del pastor Cleaver saca a relucir, a juicio nuestro, uno de los aspectos más característicos de lo políticamente correcto, a saber, el impulso de atribuir una fuerte *responsabilidad* a las palabras, las cuales quedan con ello sometidas a una intensa presión emocional. En cierto sentido, lo políticamente correcto transforma, en sus formas más extremas, la función del lenguaje, considerando a este no tanto capaz de denotar la realidad, sino más bien de *crearla*. Es como si el pastor Cleaver, con su calambur, hubiera «hecho existir» la paridad de género en aquel pleno del Congreso.

Esa inversión psíquica y emocional en las palabras lleva a que, bajo la presión de lo políticamente correcto, el lengua-

---

3. *Cf. supra* pp. 39 y ss.

je tienda, cada vez más, a su función «indicadora» o «deíctica», es decir, a una estrecha dependencia del *contexto* específico que se percibe en el momento de hablar; un contexto que, en casos como en el recién descrito del pastor Cleaver —pero también, y con una frecuencia cada vez mayor, cuando hablan las élites culturales o mediáticas—, está controlado por el temor a ofender, o faltar al respeto de la forma que sea, a determinadas categorías. De ahí la censura que ha caído, y sigue cayendo, sobre un amplio abanico de términos o expresiones que se considera menoscaban la dignidad de ciertas personas. De ahí, sobre todo, la atención que se presta a determinadas funciones lingüísticas que guardan una relación mayor que otras con la *identidad* del hablante o del objeto del discurso en cuestión. Las estructuras lingüísticas más expuestas a la revisión, son por ejemplo los *pronombres* —la famosa cuestión del uso de *he / she / them / they*—, o bien las *desinencias* en las lenguas que se estructuran sobre la base del género. Tal es el caso del masculino inclusivo, «paraguas», no marcado o genérico *(sovraesteso)* que antes mencionábamos, es decir, el masculino que se usa con referencia a personas pertenecientes también al género femenino, como en italiano ocurre con algunos nombres («médico» *[medico]*, «miembro» *[membro]* de un equipo, «asesor» *[assessore]*, etc., para designar tanto a hombres, como a mujeres), y sobre todo en los plurales (los «científicos» *[scienziati]* para designar tanto a investigadores, como a investigadoras). La última edición del diccionario Treccani de la lengua italiana ha incluido por primera vez, de cara a la creación de un lenguaje más inclusivo, lemas de adjetivos y sustantivos en los que la forma masculina, que era la única que tradicionalmente se ofrecía, se sustituye por la pareja de ambas formas, la masculina y la femenina: «amigo, amiga» [amico, amica], «director, directora» [direttore, direttrice]... Otros sectores de opinión han planteado acometer tal clase de problemas morfológicos proponiendo la introducción de terminaciones como la *schwa* (ə) o el asterisco en lugar de la desinencia marcada en términos de género[4], especialmente en sustitución de los plurales masculinos «paraguas»[5]. Huelga aclarar que esta responsabilización del lenguaje, cuando alcanza niveles elevados, pasa de facilitar el diálogo —impidiendo que las personas se ofendan las unas a las otras, directa o indirectamente—, a hacerlo más dificultoso, debido al continuo estado de alerta que se establece entre los interlocutores.

También aquí nos encontramos caminando —como en el caso de la traducción negada— por un arduo «sendero de cresta» en el que a veces es fácil perder el equilibrio. De un lado está, en efecto, el lenguaje vulgar, irrespetuoso, racista, excluyente; ese «hablar en plata» o «hablar en cristiano», en resumidas cuentas, que de una forma más o menos deliberada ignora las transformaciones que han caracterizado a nuestra sociedad con el afloramiento de minorías anteriormente privadas de voz y de derechos. Del otro lado están las rigideces, las cerrazones, las censuras, la carga emocional que se impone al lenguaje hasta acabar suscitando —a juicio de algunos— el espectro de una «cultura de la

4. Igual que, en castellano, el formato «ese niñe tiene tres hermanes de les cuales le mayor trae de cabeza, es decir, preocupadísimes, a sus progenitores». (*N. del T.*).
5. Véase https://www.treccani.it/catalogo/catalogo_prodotti/la_lingua_italiana/il_vocabolario_treccani.html; *cf.* también De Benedetti, *Così non schwa...*, *op. cit.*

vergüenza» en toda regla[6]/[7]. Caminar por tal «sendero de cresta» es difícil, pero, si se quiere mantener abierto el diálogo, es necesario conseguirlo.

Pero el cierre de la plegaria del pastor Cleaver se presta a otra reflexión, esta vez de carácter comparativo. No hace falta insistir en que *amen*, «amén», no tiene nada que ver con *man*, «hombre». Se trata simplemente de un caso de *homofonía*. Esa característica puramente formal es suficiente, sin embargo, para hacer que surja en la mente del pastor el recuerdo de otra palabra fonéticamente similar que evoca la discriminación por género. Podemos constatar, así, que lo políticamente correcto no solo puede intervenir en el uso de términos abierta y manifiestamente lesivos para la dignidad de ciertas categorías —censurando dichos términos—, sino también en palabras que suscitan el mismo problema solamente por *analogía fónica*. En Suecia, por citar otro ejemplo parecido, hicieron un helado de regaliz —extraño sabor para un polo— y lo llamaron Nogger Black. Nogger era el nombre de la marca; el *black* se debía al color del regaliz, que, como todo el mundo sabe, es negro. Resulta, sin embargo, que tal nombre comercial fue impugnado porque Nogger, puesto junto a *black*, hacía pensar en el ad-

6. La acusación es de J. Friedman —uno de los críticos más severos de lo políticamente correcto—, el cual recurre a la expresión que Ruth Benedict aplicaba a la sociedad japonesa de la posguerra, y Eric R. Dodds a la sociedad homérica. Tal etiqueta nos parece, por lo demás, exagerada, y todo el libro de Friedman oscila entre una defensa autobiográfica —bastante poco interesante— del autor y de su esposa, un sofisticado y en ocasiones esclarecedor análisis de las transformaciones que habrían caracterizado a la sociedad occidental desde la década de 1960 hasta hoy, y una serie de actitudes de rechazo no menos ideológicas que las que el mismo autor pretende denunciar.

7. En la nota que a esta antecede, nuestro autor probablemente se refiera a Friedman, *Politicamente corretto..., op. cit.* (N. del T.).

jetivo *nigger* —en cuyo lugar, hoy se escribe *n-word*—[8], un adjetivo que se utiliza peyorativamente con referencia a los negros en los Estados Unidos, y que hoy es la palabra más unánimemente condenada de entre todas las expresiones de contenido racista[9]. Todo lo cual constituye el primer término de la comparación que hace un momento anunciábamos. Sigue el segundo.

En ciertas poblaciones indígenas australianas y estadounidenses, se observan unas restricciones muy rígidas sobre los nombres de los difuntos, toda vez que «*contaminan* cuantas palabras guarden con ellos una semejanza *fonética*». Los habitantes de las islas Melville y Bathurst —situadas frente a las costas del llamado Territorio del Norte de Australia—, que son el pueblo tiví o tiwi, consideran, en efecto, tabú, junto con el nombre propio Mulankina, también la palabra *mulikina*, que quiere decir «lleno, colmado, bastante»[10]. Se trata de una usanza comparable a la de los yurok del norte de California: «Cuando Tegis murió», refiere Alfred L. Kroeber, «el sustantivo *tsis* ("piel de pájaro carpintero") dejó de ser pronunciado por sus familiares o en presencia de estos»[11]. Como vemos, la investigación etnográ-

8. O sea: «la palabra que empieza por ene». *(N. del T.).*

9. Véase R. Kennedy, *Nigger. The strange career of a troublesome word*, Pantheon Books, Nueva York, 2002. De esta odiosa palabra, Kennedy ofrece una panorámica impresionante, rastreando el eco de la misma tanto en la historia, como en los anales; tanto en la calle —¡cuánta gente ha muerto por un *nigger*!—, como en los tribunales. Sobre el «caso» Nogger Black véase Friedman, *Politicamente corretto…*, *op. cit.* (*cf.* en particular p. 235).

10. Véase C. Lévi-Strauss, *Il pensiero selvaggio*, Il Saggiatore, Milán, 1964, p. 195 (la cursiva es nuestra). [Hay trad. cast. de Francisco González Arámburo, *El pensamiento salvaje*, Fondo de Cultura Económica de España, Madrid, 2002].

11. A. Kroeber, *Handbook of the Indians of California*, Washington D. C., 1925 (citado en Lévi-Strauss, *ibid.*).

fica nos atestigua un fenómeno lingüístico bastante parecido al rechazo análogo que la corrección política evidencia frente a ciertas palabras homófonas —o casi homófonas— de otras que se consideran prohibidas. Este paralelismo revela que también en el caso del Occidente actual opera cierta forma de tabuización del lenguaje, basada en la analogía fónica con términos que se consideran portadores de un poder «contaminante». También en el caso de lo políticamente correcto surge, en resumidas cuentas, una ansiedad social tan fuerte, que, en determinada palabra, se *perciben* significados adicionales que objetivamente *no* le pertenecen (Mulankina en *mulikina*, Tegis en *tsis*, *nigger* en Nogger, *man* en *amen*). Naturalmente esperamos —de hecho estamos seguros de que así será— que semejante deriva de contaminación analógica no gane espacio en nuestra lengua, obligándonos a efectuar una revisión y depuración de nuestro léxico potencialmente infinita. Afortunadamente, sin embargo, es muy difícil conseguir disciplinar una lengua desde fuera, imponiéndole la toma de decisiones drásticas sobre su vocabulario o sobre su morfología. Como reza el antiguo proverbio: «El papa es dueño de las cabezas, pero no de las lenguas».

Cultura de la cancelación

La historia no justifica
y no deplora,
la historia no es intrínseca
porque está fuera.

EUGENIO MONTALE,
«La historia»

Hasta ahora hemos visto ejemplos de diferencias —la palabra difícil— que, provocando contraposiciones y, algunas veces, muros —o bien enfrentamiento—, bloquean el diálogo entre sujetos que comparten el mismo horizonte temporal: el del presente. Existen, sin embargo, otras diferencias —según parece, no menos difíciles de pronunciar y gestionar— las cuales provocan, en cambio, contraposiciones con el *pasado*, bloqueando nuestro diálogo con quien nos ha precedido a lo largo del tiempo. Lo cual ocurre no solo silenciando los documentos y las memorias que han llegado hasta nosotros —o reescribiendo tales textos parcialmente—, sino incluso eliminando al propio interlocutor que nos los presenta, es decir, eliminando la historia. También en este caso me descubrí reflexionando sobre Berkeley; en esta ocasión, sobre unos hechos ocurridos treinta años después de aquel pequeño debate habido en clase que recordábamos al comienzo.

En los últimos tiempos, dicha universidad ha decidido, en efecto, cambiar el nombre de algunas de sus instituciones y de algunos de sus edificios por motivos inspirados, en general, en el espíritu de la llamada «cultura de la cancelación» *(cancel culture)*, es decir, en ese movimiento del ámbito anglosajón que tiende a *eliminar* nombres, símbolos, monumentos o vestigios de un pasado hasta tal punto «diferente» de la visión del mundo actualmente compartida por la cultura progresista —derechos, dignidad, rechazo de la esclavitud y del racismo...—, que resulta inaceptable. Se trata de un proceso de depuración en todo comparable al que la corrección política pretende realizar a nivel lingüístico eliminando términos, morfemas o expresiones en general los cuales resulten ofensivos para determinadas personas. Solo que aquí, en la cultura de la cancelación, se someten al tamiz —si bien por idéntico motivo— ya no elementos lingüísticos, sino directamente personajes, acontecimientos: «hechos», en resumidas cuentas, que pertenecen a la historia pasada. Como sabemos, en los Estados Unidos la cultura de la cancelación ya ha llevado al derribo de una serie de estatuas de famosas personalidades que evocaban, por ejemplo, el pasado esclavista del país. Sigue siendo emblemática en este sentido la remoción de la estatua de Thomas Jefferson, un padre de la patria: uno de los principales autores de la Constitución de los Estados Unidos de América, con sus principios de libertad. El cual resulta, sin embargo, que gestionó plantaciones en las que trabajaban esclavos negros... La estatua en cuestión se erguía en el ayuntamiento de Nueva York y no fue retirada sino tras dilatadas (y comprensiblemente complejas) discusiones[1].

---

1. Véase el compungido artículo de Sean Wilentz, historiador de Princeton, aparecido el 22 de octubre de 2021 en la cabecera digital *Persuasion* («Why I

En realidad —vendrá bien recordarlo—, este movimiento del que estamos hablando no tiene, en absoluto, un origen reciente —contra lo que a menudo se afirma—, sino que ya manifestó sus razones en las décadas precedentes. Ni más ni menos que sesenta años antes de los actuales episodios de cultura de la cancelación, y tras repetidas presiones por parte del Congreso Nacional de Indígenas Estadounidenses —el National Congress of American Indians—, ya se habían retirado «sin hacer ruido» monumentos que ensalzaban el llamado «descubrimiento» de América por parte de los europeos, así como la conquista del salvaje Oeste por parte de los pioneros[2]. Es evidente que semejantes temas no podían sino suscitar repulsa en los descendientes de los nativos. El hecho es que los Estados Unidos llevan un nombre trágicamente ambiguo. Su «unión» se basa, en realidad, en lo contrario, esto es, en una *división* originaria: la que tuvo lugar entre los blancos y los nativos —con la destrucción de los segundos a manos de los primeros—, y la que se produjo entre los blancos y los negros, con la opresión de estos por parte de aquellos. De ahí esa querencia a retirar, por lo menos, los símbolos destinados a celebrar personajes o momentos que recuerdan el doloroso vicio de origen que marca a los Estados Unidos. Ese es el contexto en que debemos colocar el fenómeno de la cultura de la cancelación, evitando así liquidarla con juicios que a menu-

oppose removing a statue of Thomas Jefferson») y publicado en trad. italiana en *Domani* el 12 de noviembre de 2021 («Perché è un errore rimuovere la statua di Thomas Jefferson»); *cf.* también las reflexiones de P. Vesperini, *Que Faire du passé? Réflexions sur la cancel culture*, Fayard, París, 2022, pp. 141 y ss.
2. Véase *Short Cuts America: il blog di Arnaldo Testi*, entrada del 19 de abril de 2022.

do se pronuncian sin tener en cuenta las circunstancias históricas y sociales en que tales acciones se llevaron a cabo, lo que equivale a decir —con palabras más sencillas— pasando por alto el hecho de que los Estados Unidos *no* son Europa, y mucho menos son Italia. No hay, pues, de qué extrañarse si este movimiento no parece haber tenido —al menos por ahora— el mismo éxito en nuestro país. La sociedad italiana, aunque esté atravesada por tensiones de distinto tipo, no se caracteriza por un pasado y un presente plagados de conflictos, discriminaciones y marginaciones entre sus habitantes los cuales puedan compararse a los que siguen todavía activos en aquel país. Si Giuseppe Garibaldi, además de realizar la expedición de los Mil, hubiese tenido un centenar de esclavos negros que trabajaban en sus plantaciones —y si los descendientes de tales esclavos vivieran hoy en el suelo de nuestro país—, probablemente también las estatuas de dicho Garibaldi estuvieran en peligro.

El reciente estallido de la cultura de la cancelación en los Estados Unidos ha dado vida, como sabemos, a una serie de debates y polémicas cuyo eco se ha hecho oír en distintas partes del mundo[3]. En lo que se refiere a la Universidad de Berkeley —que fue el punto de partida de nuestra reflexión—, en enero de 2020 se quitó el nombre de John Boalt a uno de los edificios pertenecientes a la facultad de derecho de esta institución, siendo el motivo las posturas

---

3. Señalamos en particular las reflexiones que Pierre Vesperini hace en un libro rico de cultura, sensibilidad e inteligencia; en un libro capaz de demostrar cuánto tiene todavía Occidente que ofrecer no solo en términos de crítica, sino también de generosidad y apertura. Me refiero a Vesperini, *Que Faire du passé...*, *op. cit.* (*cf.* en concreto pp. 141 y ss.). Una «defensa» de los romanos llevó a cabo M. Lentano en *Classici alla gogna*, Salerno Editrice, Roma, 2022.

racistas, y hostiles para con los inmigrantes, de que en su día hiciera gala dicho Boalt, incluida la aprobación de la Ley de Exclusión China —la Chinese Exclusion Act— de 1882. (En este caso la diferencia, estridente e inaceptable, era palmaria). Otro tanto hicieron con el nombre del departamento de Antropología, que hasta ese momento llevaba el nombre de Alfred Louis Kroeber, uno de los antropólogos que, como su maestro Franz Boas —y como Robert Lowie y Clyde Kluckhohn—, contribuyó al desarrollo de la mencionada disciplina en los Estados Unidos. De manera que el Kroeber Hall, en cuya biblioteca estudiaran generaciones de alumnos y profesores —allí estudié también yo—, ya no existe, y ello debido a la «inmoral y nada ética» (*immoral and unethical*) colección de artefactos pertenecientes a los nativos americanos que en su día reuniera aquel célebre antropólogo[4]. A este respecto podemos suponer que en la decisión influyera el hecho de que Kroeber decidiera, en aquel entonces, «colocar» en el museo de antropología a una persona viva: a Ishi, el último representante de una tribu de nativos californianos —tal vez los yahi—, que había sobrevivido a las matanzas de la colonización escondiéndose en los bosques. Es decir: que Ishi se convirtió en un hallazgo viviente para el estudio de los antropólogos[5].

Y, siguiendo con Berkeley, resulta chocante que, además del Boalt Hall o del Kroeber Hall, se haya planteado inclu-

---

4. De todo esto informa D. O'Connell, «Opinion: Berkeley is named after a slaveholder. It's time to rename the City», en *Berkeleyside*, 7 de enero de 2022.
5. La figura de Ishi también llamó la atención de Vesperini, *Que Faire du passé...*, *op. cit.* (*cf.* en particular pp. 9 y ss.). La historia de Ishi es objeto del bonito libro de O. Starn, *Ishi's Brain. In search of America's last «wild» Indian*, W. W. Norton & Company, Nueva York, 2004 (*cf.* en particular pp. 23 y ss.).

so la posibilidad de cambiarle el nombre a la propia ciudad en la que esta universidad se emplaza. Pues Berkeley recibió ese nombre en su momento por el obispo anglicano George Berkeley, uno de los mayores filósofos empiristas ingleses junto con John Locke y David Hume, considerado de hecho un precursor de la filosofía y la ciencia contemporáneas. Pero sabemos que aquel hombre, aparte de formular tesis filosóficas que han resultado ser fundamentales en la historia del pensamiento occidental, cuando llegó a América no solo compró algunos esclavos para hacerles trabajar en su plantación de Rhode Island, sino que en varias ocasiones expresó la necesidad de bautizarlos para hacerlos «esclavos mejores», propugnando asimismo la apertura de escuelas misioneras para bautizar a los nativos «paganos»; razón por la cual, hoy hay quien propone disociar su nombre de esta pequeña ciudad de la bahía de San Francisco, cancelándolo[6]. Por un extraño destino, parece que Escocia y los filósofos empiristas están especialmente en la mira de la cultura de la cancelación, dado que, en Edimburgo, la universidad ha quitado el nombre de Hume Tower al edificio que, anteriormente, así se llamara en honor de David Hume. Y ello porque, en una carta, el filósofo le habría sugerido a un amigo suyo que invirtiera en una plantación en

---

6. Véase O'Connell, «Opinion: Berkeley is named after a slaveholder...», *op. cit.* Concretamente, una serie de documentos recopilados por un grupo de *graduate students* —es decir: de alumnos de posgrado— de la Universidad Yale acreditan que, el 4 de octubre de 1730, Berkeley adquirió un negro de catorce años llamado Philip, haciendo lo propio a los pocos días con otro de unos veinte años cuyo nombre era Edward y bautizando, al año siguiente, a tres de sus negros (Philip, Anthony y Agnes Berkeley). *Cf.* J. Humphreys, «What to do about George Berkeley, Trinity figurehead and slave owner?», en *The Irish Times*, 18 de junio de 2020.

la que trabajaban esclavos[7]. Vuelve a ser Berkeley quien, en Dublín, está creando dificultades, con su pasado esclavista, al Trinity College, institución especialmente vinculada a su nombre y a su figura[8].

El fenómeno que estamos viendo producirse ante nuestros ojos es, por tanto, bastante sencillo de describir. Debido a su estridente diferencia frente a valores que hoy se consideran imprescindibles, sucede que voces, memorias y personas cuyos ecos nos llegan del pasado, son reducidas directamente al silencio[9]. «Diferencia» sigue siendo una palabra difícil de pronunciar, como difícil de gestionar sigue siendo la realidad que denota. El *diálogo* se interrumpe.

Es complicado impugnar los principios que hay detrás de estas decisiones (la condena de la esclavitud, el rechazo del racismo, el respeto a las minorías oprimidas o exterminadas...). Sobre todo si, como hemos dicho, se tiene presente el contexto histórico y social en el que la cultura de la cancelación —en particular la estadounidense— hace oír sus exigencias. Por decirlo de una forma más sencilla: reaccionar secamente a este movimiento con un «No», le hace a uno sentir inevitablemente hipócrita; hace que le escueza la conciencia. Y, para que eso ocurra, no hace falta ser un conformista, una de esas personas a las que les encanta sentirse alineadas con las modas culturales del momento, o que as-

---

7. Añádase que, en una nota al pie de su ensayo sobre los caracteres nacionales, Hume escribió que sospechaba que «los negros son, por naturaleza, inferiores a los blancos»; véase F. Dei, «La "cancel culture" come subcultura politica», en *Psiche*, fasc. 2, 2021, pp. 493-509.
8. Véase Humphreys, «What to do about George Berkeley...», *op. cit.*
9. Un extenso catálogo de «cancelaciones» del pasado —por cuestiones relativas a la raza y al género— apareció en el *Foglio Quotidiano* del 17-18 de julio de 2021; pero, como sabemos, los ejemplos se multiplican.

piran a estar siempre «en el bando bueno». Partiendo, por tanto, de la premisa del carácter positivo —y progresista— de muchos de los principios que animan la cultura de la cancelación, podemos, sin embargo, preguntarnos si esa es la manera correcta de afirmar —por no decir «implementar»— esos mismos principios. Volvamos, pues, a la propuesta de cambiar el nombre a la ciudad de Berkeley, propuesta que, de hecho, podemos tomar como un «caso de estudio» especialmente interesante para ahondar la discusión.

¿Estamos seguros de que el olvido de incómodos personajes como el obispo filósofo —los romanos hablarían de *oblitteratio*, es decir, del borrado de las propias «letras» que forman el nombre del personaje en cuestión— es una buena respuesta a los múltiples y turbadores interrogantes que nos vienen dados por las diferencias que se abren entre nosotros y nuestro pasado? ¿No sería mejor intentar entablar un diálogo con la historia —y con esto vuelvo a nuestro tema—, dando a conocer sus lados que hoy mayormente nos repugnan, en vez de eliminarlos y reducirlos al silencio? En muchos casos, más que a la cancelación sería preferible aspirar a *com-prender* —es decir: a tomar o considerar en su conjunto— los fenómenos para llegar, precisamente, a la comprensión de su sentido, manteniendo así vivos aquella *epistéme*, aquel *nóus*, aquella *phrónesis* a los que aspiraba Platón en la práctica del diálogo. Eso por no hablar de los conflictos y de las contradicciones a los que esta práctica simplificadora puede conducir, los cuales resultan obvios en el caso de estudio ofrecido de Berkeley.

No cabe duda, en efecto, de que hoy, en la memoria común, el nombre de Berkeley, o de la Universidad de Berkeley, evoca inmediatamente el movimiento de la década de 1960 por la libertad de expresión (el *free speech movement*): la figura de Mario Savio, Telegraph Avenue, People's Park; aquella chispa que, desde California, se propagó hasta Europa y dio vida a una de las transformaciones culturales y sociales más significativas del pasado siglo. De las ideas y de los comportamientos nacidos entonces en Berkeley, muchos siguen viviendo en distintos aspectos de las costumbres y de las maneras de vivir actuales (lo mismo en los Estados Unidos, que en Europa). Pero, si de repente el topónimo Berkeley desapareciera —siendo tachado sin más— y se sustituyera por el de algún personaje más acorde con las aspiraciones del espíritu progresista contemporáneo —o simplemente por cualquier otro nombre—, entonces todo ese pedazo de historia reciente desaparecería, de pronto, de nuestra memoria.

No nos dejemos engañar por la primera impresión que pueda suscitar en nosotros la mención de un nombre propio, como en este caso «Berkeley». La esfera de significación que caracteriza a este tipo de sustantivos es, en efecto, mucho más extensa que el objeto al que dichos sustantivos designan. Los nombres propios, y más aún los *topónimos* —esto es: los nombres propios de los *lugares*—, son complejos vehículos de memoria y de cultura que, más allá de la indicación del objeto-lugar al que se refieren, arrastran consigo connotaciones culturales múltiples[10]. Tal es el caso también con el nombre «Berkeley»,

---

10. Los estudios sobre los problemas de significación que el nombre propio plantea, son innumerables. Lo mismo rige para las perspectivas desde las que dicho tema se ha abordado. Véase R. Jakobson, «Linguistica e poetica», en *id.*, *Saggi di linguistica generale*, Feltrinelli, Milán, 1966, pp. 181-218 [hay trad.

que tiene la capacidad de vehicular el recuerdo tanto de un obispo del siglo XVII —filósofo, pero también promotor de la esclavitud y de la conversión forzosa—, como de un gran movimiento de liberación juvenil desde el que solo han transcurrido algunas décadas. A través y alrededor del mismo nombre propio / topónimo entran, pues, en conflicto dos memorias. Y ciertamente es la segunda —o sea: la vinculada al movimiento de liberación juvenil— la que está mucho más presente que la conciencia nacional e internacional. Preguntémonos, por tanto, si valdría la pena eliminar la «segunda memoria» que se asocia al nombre «Berkeley» —es decir: la que remite a la (reciente) década de 1960— por causa de una «primera memoria» que remite al siglo XVII y de la cual, probablemente, nadie tenga ya conciencia. Nos hallamos, una vez más, ante un «sendero de cresta» que es difícil, pero necesario enfilar. A nuestro modo de ver, podríamos conseguirlo precisamente invocando el espíritu de la «segunda memoria» de Berkeley: el *free speech*, hablar, debatir. Dicho de otro modo: podrían combinarse de manera útil esas *dos* memorias en forma de diálogo, volviendo

cast. de Josep M. Pujol y Jem Cabanes, *Ensayos de lingüística general*, Ariel, Barcelona, 1984], donde se hace referencia a B. Russell, *An Inquiry into Meaning and Truth*, Allen & Unwin, Londres, 1940 [hay trad. cast. de Marco Aurelio Galmarini, *Significado y verdad*, Ariel, Barcelona, 1983]. Especial interés revisten para nosotros C. Lévi-Strauss, «Universalizzazione e particolarizzazione», en *id.*, *Il pensiero selvaggio*, *op. cit.*, pp. 179 y ss. (*cf.* en particular pp. 199-201); S. Kripke, *Nome e necessità*, Bollati Boringhieri, Turín 1999 [hay trad. cast. de Margarita M. Valdés, *El nombrar y la necesidad*, UNAM / Instituto de Investigaciones Filosóficas, México, 1995], donde se elabora la categoría de «designador rígido» (de esta obra hemos consultado las páginas escogidas en P. Casalegno, P. Frascolla, A. Iacona, E. Paganini y M. Santambrogio [eds.], *Filosofia del linguaggio*, Raffaello Cortina, Milán, 2003, pp. 151-176), y M. Lentano, *Nome. Il nome proprio nella cultura romana*, Il Mulino, Bolonia, 2018.

a despertar en la conciencia colectiva la «primera memoria» del nombre «Berkeley» —la que evoca al esclavista además de al filósofo—, y devolviendo a este personaje a la atención de los ciudadanos en la formación escolar, en el debate público y, sobre todo, en los medios de comunicación, para entablar así un diálogo con las diferencias del pasado, darlas a conocer y criticarlas —es decir: lo contrario de una simple y banal *cancelación* de dichas diferencias—[11], mientras que, de reemplazarse el nombre «Berkeley» por otro, en tal caso sencillamente se empezaría a usar el nombre nuevo, cayendo en el olvido el viejo y, sobre todo, el porqué del cambio de nombre.

Mantener viva la memoria del «primer» Berkeley permitiría, pues, reflexionar sobre los marcos mentales con base en los cuales un obispo y filósofo del siglo XVII que era uno de los principales pensadores de su tiempo, no solo pudo considerar legítima la práctica de esclavizar a otros seres humanos —bautizándolos para hacerlos «mejores esclavos»—, sino que propugnó la necesidad de cristianizar a los nativos «paganos». ¿Cómo y por qué pudo tener lugar una cosa así? ¿Cuáles son las razones que en aquel entonces permitían considerar todo eso no solamente legítimo, sino de hecho necesario? Entender es siempre mejor que olvidar; comprender es siempre mejor que ignorar. Quienes se niegan a conocer, a saber, siempre me han suscitado la imagen de esos niños caprichosos y cabezotas que, mientras todos están tomándose un helado, ellos se quedan en un rincón

11. De hecho, es un afán precisamente de reconsiderar el pasado —de replanteárselo— lo que en ocasiones diríase que subyace al movimiento de la cultura de la cancelación. Tal es la opinión de Vesperini, *Que Faire du passé...*, *op. cit.* (*cf.* en particular pp. 45 y ss.).

con los brazos cruzados y la cabeza gacha. Aparte de que a nuestro alrededor siguen vigentes vestigios y fragmentos de aquellos mismos marcos mentales antiguos. Basta pensar un poco y, por desgracia, los ejemplos acuden en tropel.

Fijémonos, por ejemplo, en la difícilmente confesable legitimidad que se confiere a la explotación de otros seres humanos, actualmente los inmigrantes, caracterizados por diferencias —étnicas, lingüísticas, culturales, de nivel económico— que pueden hacer que se les considere *inferiores*. Del mismo modo hemos visto replantearse, en la política internacional, el antiguo impulso evangelizador —el mismo que manifestaba el obispo Berkeley— bajo la vestimenta de una nueva teología, la del *exporting peace and democracy* («exportar la paz y la democracia»), un movimiento que a menudo ha buscado imponer —con las armas— la adopción de costumbres y modos de vida occidentales a poblaciones que no habían expresado tal deseo, igual que Ucrania tampoco había solicitado que la Rusia de Putin desencadenara una «misión» de depuración y conversión forzosa de su pueblo[12]. Se trata del mismo ímpetu violento que hoy vuelve a manifestarse en las conversiones religiosas impuestas que propugnan y ejercen determinadas corrientes del fundamentalismo islámico en nombre del Dios «único y verdadero» (exactamente igual que sucedía bajo la égida del Dios

---

12. Nos referimos a la doctrina del llamado Universo Ruso, un Estado ideal en el que reunir a todos los pueblos rusos, «genéticamente superiores». Tal teoría ha sido alimentada por los escritos de estudiosos como Anatol Fomenko y Aleksandr Duguin, celebrados en su patria, pero muy cuestionados por la comunidad científica internacional. Véase el breve escrito de E. Kostioukovitch [= Kostiukóvich] *Nella mente di Vladimir Putin*, La nave di Teseo, Milán 2022.

cristiano hasta no hace muchas décadas). Mantener vivo el pasado permite, sobre todo, echar luz sobre el presente: una luz que queda oscurecida si nos limitamos a cancelar, a extinguir esa chispa del conocimiento que Platón nos enseñó a hacer saltar.

Decolonizing classics

La cultura burguesa es veneno[1]

Grafiti de 1969

El movimiento de la cultura de la cancelación no ha llegado solo. Ha venido acompañado de otro que se llama *decolonizing classics* («descolonización de los estudios clásicos»), un movimiento que sin duda está emparentado con el primero y que se está extendiendo, con bastante rapidez, por las universidades estadounidenses y, en general, del ámbito anglosajón. En realidad, no es la primera vez que en el campo de los estudios clásicos resuena el término «descolonizar». Ya lo usó, allá por 1967, Arnaldo Momigliano, afirmando que «"descolonización" quiere decir encontrarle a la grecidad un significado que sirva para un mundo que ha sufrido el nazismo y que está experimentando, al menos parcialmente, el comunismo; que está luchando contra las barreras del color de la piel y que no tiene intención de declararse prisionero de su propia tecnología». Llama la aten-

---

1. «Veleno, cultura borghese!» en nuestro original. *(N. del T.)*.

ción, de hecho, que, a juicio de Momigliano, «lo primero necesario» para descolonizar la Antigüedad consistiera en «reforzar los estudios de etnografía y antropología comparada y ponerlos en relación con los de historia antigua»[2] (un aspecto de la cuestión sobre el que más adelante tendremos que volver). Por otra parte, diez años después, Jesper Svenbro y Mikael Palme dieron el título de «Descolonizar la Antigüedad» a una entrevista fuertemente centrada en la necesidad de liberar al mundo antiguo tanto del «etnocentrismo» que caracterizaba su estudio, como de las distintas «colonizaciones» a las que había sido sometido a lo largo de los años[3].

¿Nada nuevo, entonces? Al contrario, porque el movimiento estadounidense *decolonizing classics* se nos presenta con un perfil profundamente distinto de los precedentes (mucho más dramático, diría yo). Esta ola se ha levantado, en efecto, en un clima de enfrentamientos y polémicas bastante enardecidos, así como de ataques personales —cuando no de cuestionamientos y destrucciones de carreras universitarias de individuos—, con intervenciones recurrentes de las autoridades académicas y, sobre todo, con la premisa de que aquí no solamente se discuten los *métodos* utilizados por los estudiosos del mundo clásico en sus investigaciones —como ya había sucedido antes—, sino que es el conflicto racial y la marginación de ciertos grupos lo que está sobre la mesa; grupos como los no blancos o las mujeres, los cuales se sienten discriminados en sus posibilidades de acceder a

2. Véase A. Momigliano, «Prospettiva 1967 della storia greca» (1968), en *id.*, *Sui fondamenti della storia antica*, Einaudi, Turín, 1984, pp. 421-436.
3. Véase M. Palme y J. Svenbro, «Decolonizzare l'antichità», en *Dialoghi di Archeologia*, n. s., n.º 1, 1979, pp. 98-106.

los departamentos de *classics* lo mismo como alumnos, que como profesores. Y ello porque los requisitos necesarios para entrar fueron establecidos por varones blancos, quienes consecuentemente no pudieron sino reflejar, en dichos requisitos, su propia imagen. También el llamamiento a la ética ha tenido un fuerte eco en el seno de este movimiento cuando ha surgido la pregunta de si es o no lícito citar las obras de estudiosos conocidos por haber expresado opiniones racistas o por haber tenido comportamientos incorrectos en el ámbito de la universidad. (Si los censuramos éticamente, ¿por qué no censurarlos también bibliográficamente?). Conque también las páginas de un libro habrían de considerarse a la luz de *quién* las haya escrito y no solo con base en su valía intrínseca, cosa que habría que hacer igualmente en positivo, es decir, poniendo en valor la identidad étnica y de género de los distintos autores. De hecho, en Princeton se formuló la petición, en ese mismo espíritu, de que «se constituya un comité [...] que se encargue de indagar y sancionar el racismo en comportamientos, hechos, investigaciones y publicaciones de docentes». Y así sucesivamente en una secuencia de episodios, opiniones, ataques y defensas que Alice Borgna ha reconstruido, en un libro reciente, con vivacidad y aportando una rica documentación[4].

De este complejo panorama surgen también perfiles inesperados y en cualquier caso interesantes. El primero es el de Donna Zuckerberg, quien tiene a su favor, como mínimo, su condición de hermana del más famoso Mark y su

---

4. Véase Borgna, *Tutte storie di maschi bianchi morti...*, *op. cit.* (*cf.* en particular pp. 10-85). Los fundamentos y orígenes de la cuestión están en el artículo, ya clásico, de R. Poser: «He wants to save classics from whiteness. Can the field survive?», en *The New York Times*, 2 de febrero de 2021.

doctorado en filología clásica por Princeton. En 2016, tras la elección de Donald Trump, Donna Zuckerberg advirtió, en efecto, a los estudiosos sobre el uso ideológico que la nueva derecha estadounidense se disponía a hacer de los clásicos y de su cultura[5] (un fenómeno que, por lo demás, no parece que luego se verificara). Pero sobre todo ha destacado quien ha acabado siendo percibido como el héroe de este movimiento: Dan-el Padilla Peralta, profesor de historia antigua en la Universidad de Princeton. Ya solo su peripecia vital, reúne todos los ingredientes necesarios para un *biopic*[6]. Nace a mediados de la década de 1980 en República Dominicana y emigra clandestinamente, con su familia, a los Estados Unidos, donde, en una biblioteca de un centro para refugiados, se encuentra con un viejo estudio sobre los griegos y los romanos. La fascinación por aquel mundo es inmediata. Con ayuda de uno de los voluntarios del centro para refugiados, el joven Padilla accedió a un colegio privado en el que estudió también latín y griego, consiguiendo al cabo una beca para entrar en Princeton. Allí estudió filología clásica, cuya licenciatura obtuvo *magna cum laude*, siendo de hecho admitido, años después, en el cuerpo académico de esa misma universidad. Una historia perfecta, en resumidas cuentas: un sueño americano que esta vez no se hace realidad en el mundo de las finanzas o

---

5. Véase D. Zuckerberg, «How to be a good classicist under a bad emperor», en *Eidolon*, 21 de noviembre de 2016 (https://eidolon.pub/how-to-be-a-good-classicist-under-a-bad-emperor-6b848df6e54a); *cf.* también Borgna, *Tutte storie di maschi bianchi morti...*, *op. cit.*, pp. 10-11.
6. De hecho, él mismo ha escrito su autobiografía; véase D. Padilla Peralta, *Undocumented. A Dominican Boy's Odyssey from the Homeless Shelter to the Ivy League,* Penguin, Londres / Nueva York, 2016. *Cf.* también Borgna, *Tutte storie di maschi bianchi morti...*, *op. cit.*, pp. 69-70.

en el de la electrónica, sino en el mundo de la historia antigua... hasta que todo se derrumba. A ojos de Padilla los clásicos, su literatura, la Antigüedad griega y romana en general no se pueden seguir considerando el arquetipo de
nuestra *humanitas* y la matriz de la civilización occidental,
como a menudo se ha considerado y todavía siguen considerando algunos. Los clásicos constituyen, antes bien, el
molde de una cultura esclavista, supremacista blanca, sexista, colonialista; son, en resumidas cuentas, un instrumento
de opresión (no solo intelectual). Sobre todo la manera en
que los clásicos se estudian, pero también los lugares mismos donde se enseñan, presentan el estigma de una actitud
discriminatoria tan tremenda —y de una creencia tan fuerte
en la superioridad blanca y masculina—, que, si todo hubiera de seguir así, mejor sería que las disciplinas clásicas se
suprimieran. Durante un encendido debate que luego se
hizo famoso en internet, Padilla, replicando a las objecio-
nes de una colega que defendía la tradición de los estudios
clásicos, respondió: «No quiero tener nada que ver con
todo eso. Espero que este campo de estudios, conforme tú
lo describes, muera; y que muera lo antes posible»[7]. Por
otra parte, incluso un estudioso hoy tan influyente —y a la
vez controvertido— como es Ian Morris, profesor de Stanford, ha expresado un juicio extremadamente negativo sobre el estudio del mundo griego y romano: «Las *classics* son
un mito fundacional euroamericano», declaró a Rachel Poser en *The New York Times*. «¿De verdad queremos algo
así?»[8]. Llegados a este punto, parece complicado que pue-

7. *Cit.* en Poser, «He wants to save classics from whiteness...», *op. cit.*
8. *Cit. ibid.*

da reabrirse un *diálogo* con los clásicos, o por lo menos que eso pueda hacerse en los términos en que, tradicionalmente, tal diálogo se produce.

El movimiento que venimos intentando describir se presenta, por otra parte, como algo mucho más complejo —y más rico en contenidos— de lo que hemos mencionado hasta ahora. (Razón de más para que no quepa reducirlo solamente a las posturas, por muy disruptivas que estas sean, de quien se ha convertido en su héroe). Y, si para ampliar nuestro examen de dicho movimiento tuviéramos que partir del nombre que lo designa —*decolonizing classics*—, como acaso fuera lógico hacer, en su raíz podríamos poner el proyecto de «desconectar *(uncoupling)* el campo de los estudios clásicos de esa idea de supremacía europea que define el colonialismo»[9]. Con otras palabras: se pide en primer lugar descolonizar a los clásicos porque el espíritu que anima a este ámbito de estudios sería el mismo que inspiró el colonialismo europeo. Los clásicos y el colonialismo formarían, en resumidas cuentas, una suerte de «pareja» respecto de la cual se pide a gritos celebrar, cuanto antes, el divorcio. ¿En qué marco? Aquí las instancias y las perspectivas se multiplican, pero todas parecen converger en un punto, a saber, en realizar aquello que el colonialismo, por definición, no podía sino aborrecer: la *inclusión*.

Se pide, pues, que el estudio de las culturas griega y romana pase a incluir también el de los otros pueblos que con ellas compartieron el espacio de la Antigüedad; que se

---

9. Véase K. B. Solez, reseña del vol. colectivo *We and They. Decolonizing Graeco Roman and Biblical antiquities*, en *Bryn Mawr Classical Review* (https://bmcr.brynmawr.edu/2020/2020.10.66).

centre la atención específicamente en los autores de obras griegas y latinas que estuvieron activos en el África antigua, y que se examinen, a la inversa, los obstáculos que los autores africanos modernos encuentran de cara a medirse con la Antigüedad clásica (tanto en África, como en el mundo occidental)[10]; que se deje de usar la expresión «legado clásico» dando a entender, de manera más o menos explícita, que dicho patrimonio constituye el sustrato de la civilización occidental —o, peor aún, de la civilización en general—, y que se haga sitio para todos los otros legados culturales que el colonialismo ha mantenido fuera del horizonte; que se introduzcan en el panorama académico conocimientos y tradiciones intelectuales que han sido sistemáticamente deslegitimadas por el colonialismo, o en cualquier caso características de las distintas minorías actualmente poco o nada representadas en el mundo de los estudios clásicos o humanísticos en general. Se pide asimismo —siempre con un enfoque inclusivo— que a los estudios clásicos acceda un mayor número de alumnos cuya pertenencia étnica sea distinta de la blanca occidental, que es la mayoritaria. Y todavía más se pide que los propios profesores de estas disciplinas dejen de ser exclusivamente —o casi— varones blancos occidentales, dejándose en cambio más espacio para personas pertenecientes a grupos infrarrepresentados, concretamente para las mujeres. Este último aspecto de la cuestión merece ser puesto de relieve, ya que en él se aprecia una operación intelectual que ya hemos visto: la de tipo «co-

10. Véase E. Giusti, *Africa and the Making of Classical Literature* (https://warwick.ac.uk/fac/cross_fac/iatl/sharing-practice/staff/all-academic/giusti).

lateral»[11]. Igual que sucedía, en efecto, en el caso de la traducción de Amanda Gorman, la discusión traslada el foco, desde la cuestión digamos más abstracta —en este caso, las características de las disciplinas clásicas y las competencias necesarias para estudiarlas—, a la cuestión concreta de quién tiene la *oportunidad* de hacerlo. Y este movimiento saca a relucir un problema: la escasa presencia de mujeres, y de personas no blancas, en este ámbito de estudios.

Pero es sobre todo el canon de los autores clásicos lo que se pide desmantelar (o bien reescribir), en la medida en que su estructura misma estaría inextricablemente ligada al imperialismo, al sexismo, al racismo y al colonialismo de Occidente[12]. En ese espíritu, se van señalando textos cuya lectura en colegios y en universidades tendría que suprimirse, limitarse o, cuando menos, ir precedida de un *trigger warning*, o sea, de una advertencia de que la obra en cuestión puede provocar angustia, pena o dolor en la medida en que se caracteriza por contenidos racistas, esclavistas, colonialistas y, sobre todo, sexistas. Tal es el caso, por ejemplo, de las *Metamorfosis* de Ovidio, que incluyen episodios de violación. A este respecto pueden leerse, de hecho, las interesantes (a ratos desconcertantes) reacciones de algunas alumnas estadounidenses a la lectura del mencionado poema en un libro significativamente titulado *¿Por qué estamos leyendo un manual sobre la violación?*[13] Y hace algún tiempo, en la Universidad de Columbia se abrió un debate

---

11. *Cf.* pp. 40-41 *supra*.
12. Véase S. Goldhill, «The politics of the classical tradition», en *Bryn Mawr Classical Review* (https://bmcr.brynmawr.edu/2021/2021.02.45).
13. Véase M. Kahn, *Why Are We Reading a Handbook on Rape?*, Paradigm, Boulder (Colorado), 2005, pp. 19 y ss.

entre los alumnos —que pedían que se aumentara el número de los *trigger warnings* antepuestos a los textos clásicos— y algunos profesores que se oponían, por el contrario, a tal práctica por considerarla una amenaza para la libertad de pensamiento[14]. Semejante manera de colocarse ante los textos clásicos —intervencionista sin ningún tipo de reparo y tan ajena a nuestra sensibilidad—, ciertamente debe mucho a la experiencia deconstruccionista que ha caracterizado la cultura académica estadounidense en las últimas décadas. Tal orientación metodológica concedió al lector, en efecto, la libertad de «rehacerse» los textos conforme a sus propios criterios interpretativos, «martilleándolos» hasta darles la forma deseada[15]. Eso iba, sin embargo, en detrimento del carácter ineludible —vinculante— del contexto histórico y hermenéutico de las obras concretas.

El conjunto de actitudes que hasta aquí hemos sintetizado, en seguida suscita una reflexión relativa a los alumnos. Se los concibe, en efecto, como personas *frágiles*, a las cuales hay que proteger y a las que se considera, por tanto, incapaces de reaccionar con sus propios recursos morales e intelectuales en caso de deber entablar un diálogo con textos que presenten aspectos críticos o desagradables. Se ve a los jóvenes un poco como si fueran niños: nos hallamos ante una pedagogía de la protección moral a toda costa... y eso de verdad que causa una impresión extraña, porque suena como un regreso a los libros solo para mayores, a los textos expurgados, a las pe-

---

14. Véase M. Vilensky, «School's out at Columbia, but a debate over trigger warnings continues», en *The Wall Street Journal*, 1 de julio de 2015.
15. Fundamentales a este respecto siguen siendo las reflexiones de U. Eco en *I limiti dell'interpretazione*, Bompiani, Milán, 1990. [Hay trad. cast. de Helena Lozano Miralles, *Los límites de la interpretación*, Debolsillo, Barcelona, 2016].

lículas cortadas, al «prohibido para menores de...». Lo cual
rige en particular para las alumnas, que han de estar protegi-
das frente a lecturas caracterizadas por contenidos sexuales
especialmente fuertes (acoso, agresión, violación, sometimiento, etc.). Se olvida, en resumidas cuentas, que leer no significa aceptar, y, sobre todo, que la lectura no es ninguna en-
fermedad contagiosa. Si nos paramos un momento a pensar
en la construcción de la mujer que propugnaban los movimientos feministas del pasado —reclamando para la fémina
una fuerte *agency* individual, es decir, aplomo e iniciativa—,
aquí estamos realmente en las antípodas: de vuelta a una figura femenina débil y que rápidamente pierde pie[16]. Haciendo
retroceder a jóvenes adultos a un estadio de tipo infantil, ne-
cesitado de salvaguardia, ¿no se les está haciendo, tal vez, más
controlables? Esperemos que no sea así...

Frente a posicionamientos tan radicales —que niegan al
presente cualquier posibilidad de *diálogo* con el mundo clásico y con sus obras—, le vienen a uno a la cabeza las palabras de Borges, que en una de sus conversaciones con Osvaldo Ferrari dijo que «un clásico es un libro leído con
respeto»[17]. Hoy resulta, por el contrario, que, para algunos,
el clásico ha pasado a ser un libro que simplemente no se
lee o que se lee, como mucho, con miedo.

Actitudes como las descritas diríanse, al menos a primera
vista, más orientadas a «excluir» —obras, textos, pasajes de
textos, episodios—, que no a «incluir». En realidad, si se ob-

---

16. Véanse las atinadas observaciones de Dei, «La "cancel culture" come subcultura politica», *op. cit.*
17. Véase J. L. Borges, *Conversazioni* (con Osvaldo Ferrari), Bompiani, Milán, 1986, p. 150. [*Cf.* J. L. Borges y O. Ferrari, *Diálogos*, Seix Barral, Barcelona, 1992].

serva el fenómeno con un mínimo de atención, se ve bien que se trata de lo contrario. Eliminar del canon determinados textos, o partes de los mismos, significa, en efecto, *incluir*, entre los usuarios de los clásicos, también a personas que, debido a sus características étnicas, culturales, sexuales o de género, podrían sentirse impactadas, ofendidas o incómodas por el contenido de ciertas obras antiguas, igual que les pasaría a los descendientes de poblaciones que en el pasado hayan sufrido la opresión del colonialismo, del racismo y del esclavismo, y que sigan padeciendo todavía las consecuencias de tales discriminaciones. Es como si a los textos clásicos se les pidiera, en resumidas cuentas, que acogieran directamente en su propio *interior*, incluyéndola, a toda esa variedad de personas. Para no generar incomodidades, angustias, penas o dolores, el mundo griego y romano tiene, por tanto, que amoldarse a las exigencias de cada uno de sus nuevos «habitantes».

Nos hallamos, pues, ante un cambio de perspectiva que, para los partidarios más radicales del movimiento *decolonizing classics* —y también para sus detractores—, es realmente de ciento ochenta grados. El mundo de los griegos y de los romanos deja de ser la matriz de la civilización occidental —cuando no de la civilización en general— y se convierte en paradigma de injusticia y discriminación, también entre los sexos. La percepción de la diferencia que se abre entre la actual sensibilidad progresista y el pasado —en este caso, el clásico—, ha resultado tan fuerte —y tan negativo ha resultado el saldo del juicio—, que ha vuelto del revés, literalmente, la escala de los valores. Los platos rotos de semejante vuelco los ha pagado también, como era de esperar, el conocimiento de las lenguas clásicas. Recientemente, la institución a la que Padilla pertenece —Princeton— ha creado un itinerario formativo de *classics* que no contempla el conocimiento del griego ni del latín, si bien es cierto que en tal decisión influyeron, junto con motivaciones ideológicas, también razones de carácter económico[18]. Muchos son, por lo demás, actualmente, los estudiosos del mundo clásico —estadounidenses y no solo— que consideran que hoy se puede, y de hecho se debe, estudiar el mundo griego y romano sin conocer sus lenguas, eliminando con ello uno de los principales «obstáculos» que disuadirían a los estudiantes universitarios de optar por esta disciplina académica. «Las destrezas lingüísticas cuentan. Pero hasta cierto punto, [...] y no tendrían que ser un elemento traumatizante»[19]. Hay que considerar el hecho de que, en los Estados Unidos, el latín y el griego se estudian casi exclusivamente en los colegios privados (aunque la Berkeley High School ofrecía latín gratuitamente, lo recuerdo muy bien); y tener que aprender estas lenguas desde cero, representa un elemento de discriminación frente a quien ya cuenta con algún conocimiento de las mismas. El problema es que, si se

---

18. Además de la presión ideológica de un grupo de profesores que, junto con Padilla, luchan «desde dentro» contra las *classics*, en tal decisión ha influido, en efecto, también la necesidad de aumentar el número de alumnos que optan por dicha disciplina, dado el dramático descenso que se ha verificado tanto en esta, como en muchas otras universidades estadounidenses que directamente están cerrando sus departamentos de *classics*. Véase A. Sibarium, «How corporatization killed classics. Economic and political pressures have worked in tandem to hollow out the humanities», en *The Washington Free Beacon*, 8 de junio de 2021 (https://freebeacon.com/campus/how-corporatization-killed-classics).

19. Lo dice K. Blouin —profesora de historia antigua en la Universidad de Toronto— *cit.* en Borgna, *Tutte storie di maschi bianchi morti...*, *op. cit.* (*cf.* p. 73). Parece, por lo demás, que la propia Borgna lo ve así —*cf. ibid.*, p. 129—, cosa que, de algún modo, lamentamos.

pretende atraer al estudio del mundo antiguo —de nivel universitario— también a jóvenes que en el instituto no tuvieran ocasión de cursar griego y latín, podrían adoptarse muchos otros métodos, aparte de la brutal supresión del requisito lingüístico. Porque plantear que el conocimiento del latín y del griego es superfluo en la formación de los futuros estudiosos del mundo clásico, equivale a decir que se puede estudiar a Shakespeare o a Virginia Woolf sin conocer el inglés, o la Revolución de 1789 ignorando el francés. ¿A santo de qué iba a deberse conceder tal privilegio a los estudiosos de Virgilio o de la República tardía? Ya bastante en declive está el conocimiento de las lenguas clásicas —también en los países que tienen más tradición de estudio en este ámbito—, como para además fomentar esa tendencia de manera explícita[20].

Ante la discusión surgida a propósito del movimiento *decolonizing classics*, sucede igual que ante el debate originado por la traducción de la poesía de Amanda Gorman: cuesta sustraerse a la impresión de que se trata de un fenómeno extremadamente elitista, de que la justicia que tantísimas personas esperan exige, en efecto, muchas más cosas —y, sobre todo, cosas muy distintas— que cuanto pueda ofrecer la revisión de algunos *syllabi* o planes de estudios de exclusivas y carísimas universidades estadounidenses[21]. Y además resulta que, desde esta misma perspectiva —es decir: abriendo la mirada y contextualizando las demandas del movimiento *decolonizing classics* en las necesidades o en los problemas reales del conjunto de la sociedad—, se da una

---

20. *Cf.* p. 164-165 *infra* (y n. 3 *ibid.*).
21. En 2019, más de la mitad de los neoyorquinos negros o latinos vivían en la pobreza; véase Vesperini, *Que Faire du passé...*, *op. cit.* (*cf.* en particular pp. 179-180).

paradoja que, en su ignorada y sin embargo flagrante obviedad, tendría que impresionar a cualquiera.

Como sabemos, diariamente brotan de las pantallas, por todo el mundo, ríos de ficción, programas o videojuegos totalmente basados en el sexo, en la pornografía, en la violencia, en torturas, en descuartizamientos, etc. De ese flujo planetario —y a menudo repugnante— de imágenes al que hoy están expuestos millones de personas —mujeres y hombres, niños y ancianos—, nadie parece decir una palabra. En las universidades, sin embargo, los profesores la toman con Ovidio, o sea, con un poeta que escribía en latín y que murió exiliado en Tomis, junto al mar Negro, en el año 17 d. C. No hace mucho, un centro de educación secundaria de Massachusetts eliminó de su plan de estudios la lectura nada menos que de la *Odisea*, por entender que se trata de una obra sexista. Aquello se hizo siguiendo las indicaciones de un movimiento llamado *disrupt texts*, el cual aspira a limpiar *(purging)* de materiales que se consideran «discutibles» las lecturas de los alumnos. Y en tal contexto, una docente llegó al extremo de declararse muy satisfecha con aquella decisión porque Odiseo sería, a juicio suyo, *trash* («basura»)[22]. A mí me viene a la memoria una pintada que había en los muros de mi facultad de Letras en 1969: «La cultura burguesa es veneno». El fanatismo ideológico, si se combina con la ingenuidad y la ignorancia, puede dar lugar a juicios como estos. En lo que a Homero en particular respecta, ya solo estamos a la espera de que algún profesor de *college* anteponga un *trigger*

---

22. Véase M. Cox Gurdon, «Even Homer gets mobbed», en *The Wall Street Journal*, 27 de diciembre de 2020. Sobre el movimiento llamado *disrupt texts*, *cf. infra* pp. 128-129 y 195-196.

warning también a la *Ilíada* —dados los cruentos combates que salpican los distintos episodios contenidos en el poema—, haciéndose quedamente eco de esos «mitemas» en toda regla que caracterizan, como los de los poemas épicos antiguos, con obsesividad recurrente las tramas de muchas ficciones contemporáneas: ese maletero de automóvil que se abre dejando ver un centelleante tesoro de fusiles de repetición, metralletas, carabinas con largas miras telescópicas..., o bien ese revólver plateado cuyo tambor gira, con sonoro repique, a cada bala que en él se introduce.

Son dos de los «mitemas» ficcionales que en absoluto consideramos ajenos a esa fascinación por las armas de fuego por cuya causa proliferan las matanzas que, cada dos por tres, bañan de sangre supermercados, centros escolares e iglesias en los Estados Unidos[23]. Ver a profesores de *college* tomarla con la *Odisea* o con las *Metamorfosis* mientras en torno a ellos cunde una mitología muy distinta de la violencia —a menudo, también sexual—, le deja a uno un poco boquiabierto. Los docentes, cuando leen en clase a Homero, a Ovidio u otras obras consideradas «discutibles», tienen la posibilidad de explicar, de razonar, de hablar con los alumnos también de esos aspectos de los textos. (Yo diría, de hecho, que *precisamente para eso* están ahí). El público que ve en la televisión una película o una serie verdaderamente *trash* —no como el pobre Odiseo—, esa gente, sin embargo, ¿a quién puede recurrir para discutir nada? ¿A una lata de cerveza?

---

23. En los últimos diez años, en ese país se han producido sus buenos tres mil quinientos tiroteos (doscientos catorce solo en 2022, con diez masacres y ciento cuarenta y dos víctimas de entre cero y once años). Estos datos se refieren, obviamente, al momento en que escribimos. Esperamos que el número no vaya en aumento.

Pero ¿qué son exactamente las *classics*?

La cosalidad es la magia de la razón.

RUPERT SCHÜTZBACH, *Epigramme und Aphorismen*

Este ataque a la cultura clásica, tan vigoroso que a veces llega a reclamar la supresión de su enseñanza, ha dejado, como es lógico, perplejos a muchos (exactamente igual que ha sucedido, en un espectro más amplio, con la oleada de la cultura de la cancelación). Eliminar nuestro pasado clásico, olvidarlo o reescribirlo para adaptarlo a lo que piensan *hoy* determinados grupos progresistas, significaría, en efecto, refrendar el acta de defunción de la historia, cosa que ninguna persona razonable debería promover —menos todavía si se trata de un intelectual—, o eso seguimos pensando nosotros. Además, siguiendo esta lógica, las instituciones universitarias del ámbito humanístico-clásico terminarían asumiendo que su misión no reside en la investigación y en el conocimiento, sino en la consecución de una «justicia social», «racial» o «de género» que se restablece *a posteriori* a través del olvido, la eliminación o la condena de textos o de épocas históricas enteras. Frente a lo cual, los departamentos de estudios clásicos deben seguir siendo lugares de conservación e interpretación de la memoria histórica, en modo alguno transformarse en agencias de censura que dediquen sus días a compilar el protocolo de las proscripciones. «Robespierristas, antirrobespierristas», imploraba Marc Bloch, «tened piedad de nosotros: decidnos, por caridad, simplemente quién era Robespierre»[1]. Podemos suponer que los apologetas de la cultura de la cancelación y del movimiento *decolonizing classics* serían incapaces de atender la súplica de Bloch. Y no tanto porque hacerlo excediera sus facultades, sino porque no entenderían el sentido de tal súplica.

Si pudiéramos entablar un *diálogo* con este movimiento, nos gustaría plantear la siguiente pregunta: «¿Qué serían exactamente, para vosotros, esas *classics* —esos estudios clásicos, esas "clásicas"— que habría que descolonizar o cancelar?». Quien las critica —o quien querría incluso suprimirlas—, tendría por lo menos que explicar, preliminarmente, a qué se refiere cuando usa esa expresión. Y que eso no ocurra, tal vez se deba a que el fenómeno cultural que esa etiqueta de las *classics* evoca, bien mirado es algo tan complejo que más vale hacerse el despistado y darlo por sabido. Pero ¿realmente puede darse por sabido un objeto cultural tan «pesado»? Añádase que, si el surco que esas *classics* ha impreso en nuestra cultura no fuera tan profundo, nadie sentiría la necesidad de eliminarlo (ni siquiera de ocuparse de él). En definitiva: que no se puede liquidar a los clásicos

1. Véase M. Bloch, *Apologia della storia, o Mestiere di storico*, Einaudi, Turín, 1998, p. 105. [Hay trad. cast. de Carmen Pérez Sangiao, *Apología de la historia o el oficio de historiador*, Los Libros de la Catarata, Madrid, 2022].

—ni la cultura griega y romana en general— sin concederles siquiera una definición.

El fundamento de lo que llamamos «cultura clásica», es una significativa masa de textos griegos y latinos, y una amplia lista de monumentos y hallazgos arqueológicos. Este variado conjunto de elementos no solo se presenta como algo tangible y concreto, sino que a menudo resulta físicamente muy *pesado* —harto objetual—, en la medida en que las colecciones de textos griegos y latinos ocupan varios metros de estanterías en incontables bibliotecas del mundo, mientras que a los restos arqueológicos se dedican espacios en ocasiones también bastante extensos (ya estén desplegados en las vitrinas de los museos, o guardados en los almacenes). Hay, por último, muchísimas zonas geográficas —en Italia, en Grecia, en Europa, en África, en Asia— en las cuales aún se yerguen, como es sabido, los vestigios de templos, arcos o columnas que atestiguan la presencia de la civilización griega y romana. Esa es, por tanto, la base tangible —concreta, consistente— de lo que llamamos «cultura clásica».

Los textos, ya sean literarios o epigráficos, vehiculan una enorme masa de enunciados que los antiguos quisieron fijar de manera estable a través de los caracteres del alfabeto, razón por la cual han llegado hasta nosotros. Se trata de construcciones semánticas en ocasiones de gran complejidad, y que únicamente pueden ser interpretadas —lo que a menudo exige ir más allá de su significado literal— por alguien que conozca bien las lenguas en que tales textos se escribieron. Los monumentos y los hallazgos arqueológicos, por el contrario, no ofrecen enunciados que comuniquen significados articulados; las piedras no hablan. Pero

sí que ofrecen una serie de «huellas» a las que los estudiosos atribuyen la función de «signos», o sea, la capacidad de
remitir a otra cosa. Estos signos a veces se pueden poner en
relación, de manera más o menos pertinente, con uno o varios testimonios escritos que, combinados con los datos ob-
tenidos de los análisis técnicos y contextuales de los hallazgos en cuestión, ofrezcan elementos para ubicar estos en el
tiempo y dotarlos de un significado. A falta de posibles relaciones con documentos o datos de otro tipo, esa remi-
sión, ese reenvío resulta menos apremiante y se abre la
puerta, por tanto, a un espectro más amplio de significados
potenciales, dentro de los cuales se privilegia uno en detrimento de otros igualmente posibles. La forma y las escultu-
ras del Ara Pacis pueden remitir, así, a determinados elementos específicos de la ideología que Augusto pretendía
consolidar, del mismo modo que la planta de determinado
edificio puede remitir al tipo de actividad que en el mismo
se desarrollaba, y así sucesivamente. Dicho de otra forma:
a los monumentos o a los hallazgos arqueológicos, con frecuencia se les atribuye determinado significado sobre la
base de un proceso semiótico de abducción —un proceso
que es, por lo demás, la clase de razonamiento susceptible
de producir las hipótesis más innovadoras en el ámbito de
la investigación—, lo que no quita que cualquier aducción
deba ser corroborada, como es lógico, por un número cada
vez mayor de pruebas —¿cuántas?—, so pena de no salir, la
abducción que sea el caso, del reino de las conjeturas[2]. A

2. Una descripción simplificada —pero muy clara— de la abducción, la ofrece
U. Eco en «L'abduzione in Uqbar», texto incluido en *id.*, *Sugli specchi e altri
saggi*, Bompiani, Milán, 1985, pp. 161 y ss. [Hay trad. cast. de Cárdenas Mo-
yano, *De los espejos y otros ensayos*, Debolsillo, Barcelona, 2012]. El ejemplo

esto se añade que el pasado griego y romano nos ha legado también un importante patrimonio de objetos artísticos — en ocasiones, de gran valor— que hoy se conservan en múltiples museos y colecciones. Y si dichos objetos pueden por un lado desempeñar la misma función semiótica o referencial —de reenvío— que se atribuye a otros monumentos o hallazgos arqueológicos, por otro lado, contribuyen a devolvernos un rostro —distintos rostros, mejor dicho— y un aura visual general del mundo antiguo, como si tuviéramos la posibilidad de percibir directamente su fisicidad y, a menudo, su belleza (fenómeno que también se verifica en presencia de ciertos monumentos arquitectónicos). De todo este conjunto de testimonios —escritos, arqueológicos, artísticos—, y sobre todo de la interpretación y combinación de los mismos, nosotros sacamos el conocimiento tanto de las *culturas* griega y romana, como de sus correspondientes *sociedades*. Y, así, cuando hablamos de cultura clásica nos referimos *grosso modo* a ese complejo organismo, aunque con frecuencia se nos olvide cuáles son las bases —textuales y objetuales— de nuestros conocimientos al respecto. De manera que, si bien es fácil suponer que, con el objetivo de descolonizar los clásicos, alguien cancele del *syllabus* —del plan de estudios—, tachándolo sin más con un bolígrafo, a este o a aquel autor —o bien esta o aquella parte de determinado texto—, cuesta imaginar, en cambio, que esa misma

clásico de abducción es el siguiente: sobre la mesa hay una bolsita; junto a la bolsita hay un montoncito de judías blancas; → la bolsita contiene judías blancas. Ejemplo (bastante controvertido) de abducción arqueológica: en el Palatino hay restos de un muro antiguo; la historia mítica de Roma narra que Rómulo construyó un muro en el Palatino; → esos restos se corresponden con el muro de Rómulo.

persona cancele, con un trazo de bolígrafo análogo, zonas arqueológicas enteras salpicadas de monumentos, cientos de museos repletos de hallazgos de excavaciones, millares de bibliotecas cuyas estanterías rebosan de textos clásicos y de obras a ellos dedicadas. Da la impresión de que los demoledores de las *classics* —de los «estudios clásicos»— han pasado por alto, evidenciando con ello una actitud bastante ingenua y simplista, la contundencia, el peso —la *cosalidad*— de su objetivo a derribar.

Nuestra cercanía respecto a las sociedades antiguas, que en ocasiones se nos antojan incluso familiares, deriva, por tanto, del hecho de que, a lo largo de los siglos, su estructura ha sido *indagada* y *reconstruida*. A lo largo del tiempo, las sucesivas generaciones han ido sometiendo, en efecto, el pasado griego y romano a una serie de *interpretaciones* que podemos considerar, en lo posible, correctas en cuanto que desarrolladas —al menos en las intenciones— según las reglas de la filología, de la hermenéutica y de la investigación histórica. Dichas interpretaciones a menudo han sido desmentidas con el paso del tiempo —se han sustituido por otras, se han puesto en discusión—, pero el marco epistemológico al que remiten ha seguido siendo, en las distintas épocas, el compartido por la comunidad de los estudiosos. De modo que el complejo proceso que acabamos de describir sumariamente ha sido lo que ha dado lugar, prescindiendo de orientaciones interpretativas de carácter «alternativo» —místicos, esotéricos, simbolistas, etc.—, a ese objeto que llamamos «cultura clásica». Un objeto que ahora vive —disociado de la compacidad, del peso de sus fundamentos textuales o arqueológicos— una vida virtual, o igual sería mejor decir «memorial», extendiéndose por la retícula de conexiones mentales establecidas a lo largo del tiempo entre palabras, monumentos y productos artísticos. O sea: que la cosalidad ha generado su «magia de la razón».

Al mismo tiempo, sin embargo, en el correr de los siglos el mundo clásico también se ha visto sometido a una multiplicidad de *usos*: de tipo literario, artístico, ideológico, político, etc. Quisiéramos, por tanto, intentar mantener viva, en lo sucesivo de nuestra reflexión, esta diferencia entre *interpretaciones* y *usos* del mundo clásico. Se trata de una distinción —no lo negamos— de trazo un poco grueso, pero que al menos permite afrontar de manera más clara el problema de la complicada relación que existe —que ha existido— entre «nosotros» por una parte, y los griegos y los romanos por otra.

Esos griegos eran dioses...

El clima griego obra realmente mila-
gros en un joven alfabeto fenicio.
Casi lo vemos crecer...

RHYS CARPENTER, *The Greek
Alphabet Again*

Consideremos, pues, los *usos* que, de la cultura clásica, han
ido haciendo las sucesivas épocas. En Occidente se ha tratado de un proceso inevitable, dado que, durante siglos,
el mundo antiguo siguió conviviendo con los sucesores y
los herederos de los griegos y los romanos, apretadamen-
te entreverado en la producción artística, literaria o filosófica, e incluso en los lenguajes —tanto cultos, como coti-
dianos— de dichos sucesores y herederos. Tales usos de la
cultura clásica —los cuales quisiéramos mantener, conviene
repetirlo, cuan diferenciados se pueda frente a las interpretaciones de esa misma cultura— son resultados variables
y múltiples, según los contextos, de los correspondientes
momentos históricos y, sobre todo, de los objetivos que
perseguían. Ponerse a hacer aquí una lista de los distintos
usos que se ha hecho de la cultura clásica sería inútil: equi-
valdría a reescribir la historia cultural entera de Occidente, una empresa cuya guía se disputarían la *hýbris* y la ob-

viedad. Conque olvidémonos de eso y centrémonos, más bien, en el hecho de que, dentro de ese amplio abanico en el que se despliegan los usos de lo antiguo, está también el uso de tipo ideológico, que ha sido siempre el que más recelo ha suscitado. Dicho uso ha apuntado algunas veces, en efecto, al racismo, al supremacismo y a la discriminación, lo que resulta congruente con las acusaciones que lanzan contra las *classics* sus descolonizadores. Naturalmente conviene tener presente que el ideológico no ha sido el *único* uso al que los clásicos se han visto sometidos. Es incluso banal recordar una cosa así. Banal, pero no inútil. Porque, de lo contrario, algunos podrían pensar —y temo que de hecho lo piensen— que los clásicos sirvieron de inspiración *solamente* al colonialismo o al supremacismo y no, además, a tanta poesía, literatura, filosofía, teatro, arte, cine, arquitectura, etc., que nada tenían que ver con semejantes tendencias. Aclarado lo cual, volvamos sobre ese uso ideológico de los clásicos al que nos referíamos.

Dicho fenómeno se desarrolló de manera particular en el siglo XIX y en la primera mitad del XX, atribuyéndose a Grecia y a los griegos la posesión de una civilización *superior* e incomparable cuyo único heredero habría sido la civilización europea, mientras que Roma se convirtió, con su imperio y sus conquistas, en un modelo para la expansión colonial del viejo continente y para el nacimiento de sus imperios. Se trata, como sabemos, de un movimiento intelectual vastísimo que tuvo lugar sobre todo en Inglaterra y en Alemania, esto es, en dos pueblos —notable paradoja— que, a diferencia de los que se asomaban al Mediterráneo o al mar Negro —o de los que habitaban parte de Asia hasta la India—, jamás tuvieron contacto *histórico* ninguno con la civilización griega[1] (pero al parecer habrían heredado su espíritu, en una medida privilegiada, «por las ramas» *[per li rami]*[2] de la supuesta filiación indoeuropea).

Cuando en 1807 se expusieron los llamados Mármoles de Elgin —léase: los mármoles del Partenón—, entre los primeros visitantes estuvo también Heinrich Füssli, famoso artista de origen suizo que llevaba años enseñando pintura en la Royal Academy. Y dicho Füssli, arrebatado por una admiración inconmensurable, exclamó: «Esos griegos eran dioses, esos griegos eran dioses...»[3]. La emoción del artista va directa al meollo de la cuestión. Grecia es un lugar consagrado al arte y a la belleza; en aquella tierra no habitaron hombres, sino dioses; los griegos eran infinitamente superiores en las artes. Pero avancemos unos años: hasta 1821. Percy Bysshe Shelley escribe en Pisa, bajo la impresión de los primeros enfrentamientos entre turcos y patriotas griegos, una tragedia cuyo sintomático título rezaba *Hellas*. Sigue un breve fragmento de la introducción: «Todos nosotros somos griegos», declara perentoriamente Shelley. «Nuestras leyes, nuestra literatura, las artes..., todo hunde sus raíces en Grecia. De no ser por Grecia, hubiéramos podido caer en ese miserable y estático estado de las instituciones en que se hallan China y Japón. La forma humana y la mente humana llegaron a la perfección en Grecia.»[4] En

1. Véase Momigliano, «Prospettiva 1967 della storia greca», *op. cit.*
2. *Cf.* Dante, *Divina comedia*, «Purgatorio», 7, 121. *(N. del T.).*
3. Véase B. R. Haydon, *The Autobiography and Memoirs of Benjamin Robert Haydon (1786-1846)*, ed. de T. Taylor, Harcourt Brace and company, Nueva York 1926, p. 68.
4. Véase P. B. Shelley, *Hellas. A lyrical drama*, ed. de T. J. Wise, Ams Press, Nueva York 1975. [Hay trad. cast. de José Ruiz Mas, mismo título, *Hellas*, Centro de Estudios Bizantinos, Neogriegos y Chipriotas, Granada, 2021].

la Hélade está, pues, la raíz de toda civilización. Y, sobre todo, «nosotros» —esto es: los ingleses, los europeos— somos griegos. Sin esa luz, Occidente habría corrido el riesgo de convertirse en Oriente. El contenido racista de este elogio de la superioridad griega es palmario. Los chinos y los japoneses viven en un estado de civilización estático y miserable, y, comparados con los griegos, no son sino unos bárbaros, como también lo son, dichos pueblos orientales, comparados con «nosotros», los ingleses o los occidentales, que tuvimos la suerte de «tener» a los griegos. Conviene precisar, de hecho, que, en Shelley, el entusiasmo por Grecia no solo se debía a las vicisitudes políticas que afligían a aquella tierra bajo la dominación otomana. Dos años antes, desde Florencia, el poeta había dirigido a John Gisborne una carta que arrancaba en estos términos: «Muy señor mío: le envidio porque está leyendo usted a Teócrito por vez primera. ¿No eran los griegos un pueblo glorioso? Como dice Job del Leviatán, ¿qué hay que pueda comparárseles?»[5]. Los griegos son, en efecto, incomparables. «Esos griegos eran dioses», había dicho Füssli.

Esa oleada de «helenomanía» constituye un fenómeno, como decíamos, también alemán. (*Sobre todo* alemán, de hecho)[6]. Atención a lo que en 1799 escribiera Wilhelm von Humboldt. Su prosa filosófica, muy germánica, no tie-

5. Véase *id.*, *Opere*, ed. de F. Rognoni, Einaudi / Gallimard, Turín / París, 1995, p. 1201.
6. El término «helenomanía» (con referencia a los siglos XIX y XX) lo tomamos del primer volumen de M. Bernal, *Atena nera*, Pratiche, Parma, 1991, que sigue siendo una fuente valiosísima de materiales y reflexiones sobre este tema. [Hay trad. cast. de Teófilo de Lozoya, *Atenea negra. Las raíces afroasiáticas de la civilización clásica*, Crítica, Barcelona, 1993].

ne la vivacidad que caracteriza a la de Shelley; pero el contenido es el mismo:

> Los griegos se desmarcan del cerco de la historia. [...] Estaremos malinterpretando nuestra relación con ellos si osamos aplicar a los griegos los criterios de valoración válidos para el resto de la historia universal. Para nosotros, no es solo que conocerlos resulte grato, útil o necesario, sino que únicamente en ellos encontramos el ideal de lo que podríamos ser y realizar. Mientras que cualquier otra parte de la historia nos enriquece con sabiduría o experiencia humana, de la frecuentación de los griegos sacamos algo que va más allá de lo terreno o que está, mejor dicho, cerca de lo divino[7].

Se trata, en efecto, del mismo «Esos griegos eran dioses» otra vez. Pero esta afirmación, si ya de suyo es extremadamente fuerte, bien mirado presupone otra que resulta, en ciertos aspectos, más fuerte todavía; a saber: que los griegos «no son como los demás», que los griegos son distintos, infinitamente superiores al resto de pueblos; y que no cabe, por tanto, *parangonarlos* con ellos. Como escribía Shelley a John Gisborne: «¿Qué hay que pueda comparárseles?». Los griegos son dioses y lo divino no puede parangonarse, por definición, con nada. En todos estos casos, la civilización griega se «utiliza» para proclamar su superioridad absoluta y afirmar, en consecuencia,

---

7. Véase W. von Humboldt, *Geschichte des Verfalls und Unterganges der Griechischen Freistaaten*, en *id.*, *Gesammelte Schriften*, ed. de A. Leitzmann, vol. III, Behr, Berlín, 1904, p. 188. [Hay trad. cast. de Salvador Mas, *«Historia de la decadencia y ocaso de los Estados libres griegos» y otros textos sobre la Antigüedad clásica*, Plaza y Valdés / CSIC, Madrid, 2010].

también la de quienes se consideran herederos de dicha civilización.

El 18 de abril de 1824 muere en Mesolongi —en Grecia— George Gordon, más conocido como lord Byron, asistido por su fiel criado Mr Fletcher. Tras el triste deceso, la cuestión fue decidir dónde habían de descansar los restos mortales de Byron. Entonces alguien —no sabemos quién— hizo una singular propuesta: se pidió que el cuerpo «se depositara en el templo de Teseo o en el Partenón, en Atenas». Y así prosigue el relato: «A semejante circunstancia, los griegos le habrían atribuido un notable valor. Y además hay algo consolatorio en la idea de que lord Byron pueda descansar por fin en un lugar tan venerable, *reconsagrando* con ello —como habría sido el caso— la sagrada tierra de las Artes y las Musas. De ahí que no podamos sino lamentar el hecho de que a aquella propuesta no se le diera oído»[8]. En este relato hay una frase que impresiona por su ambigua solemnidad. Nos referimos a la «consolatoria idea» de que Byron, enterrado en el templo de Teseo —o en el Partenón—, habría nada menos que *reconsagrado* la tierra de Grecia, la tierra de las Artes y de las Musas. Quien así hablaba, ¿pensaba entonces que Grecia había sido, de algún modo, «desconsagrada»? En cuyo caso afirmativo, ¿por qué causa? La emoción del pintor suizo ya iba directa al núcleo de la cuestión: Grecia es un lugar consagrado al arte y a la belleza; en esa tierra habitaron los dioses. Y ese es precisamente el problema: en Grecia habitaron los dioses..., ¿pero allí siguen habitando todavía?

8. Véase T. Medwin, *Journal of the Conversations of Lord Byron*, Galignani, París, 1824, vol. II, p. 190 (la cursiva es nuestra).

No cabe duda, en efecto, de que la Grecia de ese entonces se presentaba, de algún modo, desnaturalizada por el largo dominio otomano: por aquella dominación que le había arrebatado a Europa el país en el cual se hundían —así se pensaba— ni más ni menos que sus raíces ideales. Dominada por los bárbaros —por los turcos, por los turanios, por los otomanos...—, la tierra sagrada de Grecia no podía sino resultar contaminada. No hace falta aducir más ejemplos de esta «helenomanía» racista, que se servía de los griegos —de su carácter «divino»— para afirmar la superioridad de la civilización europea y de las naciones que de los griegos se proclamaban herederas. La empresa misma de devolver a Grecia a su antiguo esplendor debía ser llevada a cabo, de hecho —paradójicamente—, casi a pesar de sus habitantes de aquel momento. Los cuales necesitaban, para «reconsagrar» a las Musas su propia tierra, que en esta recibieran sepultura los restos de un poeta *inglés*.

Llevé mi ejército a Etiopía

Espíritu eterno, eterna fuerza,
¡oh Roma!

Giovanni Pascoli, *Himno a Roma*

La totalidad de los ejemplos o anécdotas de «helenomanía» que hemos recordado, convergen en un único foco: el del llamado «milagro» griego, que también ha seguido acompañando el juicio supremacista sobre la civilización helénica a través de los distintos «humanismos» y «neohumanismos» que se han sucedido a lo largo del tiempo —sobre todo en Alemania—, a menudo centrados en esa inefable (e intraducible) noción de *paidéia* griega que se habría encargado de proporcionar los ideales de la aristocracia europea en los siglos posteriores[1]. En clave nórdica, también la ideología nazi ofreció numerosos ejemplos de cómo el pasado griego, pero también romano, fue utilizado por el régimen para proponer materiales útiles de cara a la creación de las aberrantes teorías raciales que dominaron aquel pe-

---

1. Véase Momigliano, «Prospettiva 1967 della storia greca», *op. cit. (cf.* en particular p. 425).

riodo funesto. Entre las distintas mitologías —en ocasiones contradictorias— en las que el nazismo quisto hundir sus raíces, estuvo también la relativa a cierto pueblo originario —ario-germánico— que migrando progresivamente hacia el sur habría dado vida a las civilizaciones del mundo clásico (y no solo). Los germanos habrían sido, a fin de cuentas, los fundadores de la estirpe de los griegos y de los romanos, de donde se seguía que los alemanes del Reich eran los auténticos «poseedores» de esas dos civilizaciones antiguas. Y, si Esparta representó el mejor ejemplo de disciplina militar, Roma indicaba cuál era el camino hacia la constitución de un gran imperio[2]. Un ejemplo de uso racista y colonialista de la civilización romana, lo encontramos en nuestro propio país: en Italia. Se trata de un fenómeno conocido y muy bien investigado precisamente por los estudiosos italianos[3].

El «mito de Roma» desempeñó, en efecto, una función ideológica importante en la evolución cultural e ideológica de la Italia a partir de la Unificación, y el imperialismo romano se utilizó como un potente imán ideal capaz de referir al pasado, justificándolas y al mismo tiempo ennobleciéndolas, las tardías empresas coloniales italianas. Hay ocasiones en que determinadas opciones arquitectónicas

2. Para el periodo nazi remitimos al valioso trabajo de J. Chapoutot *Il nazismo e l'Antichità*, Einaudi, Turín, 2017. [Hay trad. cast. de Belén Gala Valencia, *El nacionalsocialismo y la Antigüedad*, Abada, Madrid, 2013].
3. Sobre la relación entre la Italia posterior a la unificación, y la civilización romana —especialmente en época fascista—, en las últimas décadas las investigaciones se han multiplicado, sobre todo en la estela de Luciano Canfora. Siguen siendo esclarecedoras las páginas dedicadas a este tema por A. Giardina y A. Vauchez en *Il mito di Roma. Da Carlo Magno a Mussolini*, Laterza, Roma / Bari, 2000 (*cf.* en particular pp. 212 y ss.).

reflejan mejor que las declaraciones oficiales, los discursos políticos o las reconstrucciones historiográficas tendenciosas el correspondiente clima cultural. Tras la desventurada empresa de Dogali (1887) se colocó, rematando el monumento a los caídos que erigieron en Roma, un obelisco egipcio que había aparecido, hacía unos años, en el templo de Isis del Campo de Marte —señal del carácter «romano» de la empresa africana llevada a cabo por los italianos, y de la reconquista que indefectiblemente seguiría de las antiguas glorias de la Roma imperial—, mientras que a los quinientos soldados caídos se les comparó con los trescientos Fabios que, en el año 477 a. C., murieran combatiendo contra los etruscos[4]. En época fascista, en 1925 —cuando Somalia ya se había convertido en una posesión italiana estable—, se erigió en Mogadiscio un arco del triunfo en honor del viaje que hizo a aquel país el príncipe Humberto de Saboya. Dicho monumento sigue el modelo del arco romano más clásico, de vano único. En la inscripción que hay en el ático del monumento, se lee (en letras capitales)[5]:

A HUMBERTO DE SABOYA
ROMANAMENTE[6]

El hecho de que el epígrafe esté escrito en italiano —no en latín—, sumado a la aparatosa presencia del «romanamente» —que ocupa una línea entera—, podría antojarse

4. Véase *ibid.*, pp. 197-198.
5. Véase A. Randazzo, *Roma Predona. Il colonialismo italiano in Africa, 1870-1943*, Kaos, Milán 2006, pp. 115-118. (En internet hay colgadas numerosas fotografías de este arco).
6. *I.e.* A UMBERTO DI SAVOIA / ROMANAMENTE. *(N. del T.).*

algo meramente chabacano, cuando no ridículo[7]. Lo cierto es que tales opciones estilísticas dicen mucho sobre la ideología de quien concibió el monumento. Declarar *en italiano* que el arco triunfal en cuestión fue dedicado al príncipe Humberto *romanamente*, trasladaba un mensaje muy claro: «Este monumento te lo dedican unos italianos que al mismo tiempo son, sin embargo, romanos». Y huelga recordar los múltiples símbolos y recuerdos romanos que acompañaron el desarrollo del fascismo, que del «mito de Roma» hizo un uso amplísimo e insólito, amplificado por el empleo de los nuevos medios de comunicación de masas. No se trata solamente de discursos celebrativos o exhortativos, sino, sobre todo, de objetos, gestos y lenguajes que compusieron el vívido guion de una Italia romana antigua. Aparecieron, en efecto, en el horizonte del país las siniestras fasces de los lictores, el (supuesto) saludo romano de la mano levantada, el (hipotético) paso romano, la estructuración igualmente «romana» de la milicia fascista —con sus legiones, sus cohortes, sus manípulos—, el calificativo de *dux* para el caudillo de Italia, la exaltación del «cumpleaños» de Roma el 21 de abril, etc. Se llegó incluso a reconstruir una presunta «descendencia», por parte de Mussolini, respecto a una familia de colonos romanos que se habrían instalado en la Romaña en el siglo II d. C[8].

Entre todos los usos ideológicos —verdaderamente numerosos— que la «romanidad» ofrecía al *duce* y a sus ministros, fue, sin embargo, el modelo del antiguo *imperium* lo que do-

---

7. El adverbio «romanamente» gozó, como es sabido, de gran fortuna en el vocabulario fascista.
8. Véase Giardina y Vauchez, *Il mito di Roma...*, *op. cit.* (*cf.* en particular pp. 21-22).

minó la autorrepresentación de la Italia fascista; y ello, sobre todo, a partir de la intensificación de las guerras coloniales. La expansión imperialista de Italia se articuló, en efecto, ideológicamente en torno a dos vectores, «romanos» ambos. Por un lado estaban la disciplina y la fuerza militar; por otro lado, el componente —ya más espiritual— de la misión civilizadora. La idea era conquistar, pero al mismo tiempo derrotar a la barbarie. Igual que los antiguos súbditos del imperio de Augusto pudieron salir, una vez «romanizados», de su estado de atraso y disfrutar de los beneficios que traían la *pax* y la civilización de Roma, del mismo modo, los nuevos vasallos africanos conquistarían, una vez convertidos en miembros del imperio fascista, una libertad y una civilización previamente inimaginables. Justicia y acción civilizadora: esa fue la representación que, apelando a la Roma de la Antigüedad, la expansión colonial italiana quiso hacer de sí misma. Mussolini el romano pasó a ser, por fin, el nuevo Augusto, artífice de un imperio cuya fuerza militar coincidía con la *pax romana* que las armas italianas garantizaban a los pueblos sometidos. Una vez más los «objetos», por ínfimos que puedan ser, nos devuelven la respiración y la atmósfera ideológica de una época con una eficacia mayor que la de los grandilocuentes discursos oficiales o la de las reconstrucciones tendenciosas propugnadas por estudiosos del mundo clásico. Estamos en 1935, año de la agresión colonial a Etiopía (una guerra que había de causar cientos de miles de víctimas entre los etíopes, y que a Italia le valdría el oprobio de haber utilizado gases asfixiantes). Aquel año se emitió un sello postal en el que aparecía el Augusto de Meroe —una cabeza de bronce del emperador encontrada en el territorio de la antigua Nubia— acompañado de una cita latina de las *Res gestae*:

Meo iussu et auspicio ducti sunt exercitus in Aethiopiam
(Por orden mía y con auspicio mío, los ejércitos fueron
llevados a Etiopia)[9].

Aun siendo la Etiopía de la época de Augusto una región
que no se correspondía con la que conquistaron los italianos —y aunque el pasaje de las *Res gestas* de Augusto hubiera sido astutamente recortado para hacerlo cuadrar con lo
que hacía falta—, este hábil juego de imágenes y citas permitía a Mussolini proyectar su figura sobre la del fundador
del Imperio romano, como si estuviera replicando sus haza-
ñas. El «precedente» augusteo proporcionaba una justificación para aquella expedición militar etíope. E igual que, en
Roma, los sucesivos hombres poderosos habían expresado
y comunicado sus mensajes ideológicos y políticos a través
de las monedas, Mussolini expresaba, del mismo modo, su
ideología a través de otro instrumento —más moderno—
que era objeto de circulación pública y llevaba igualmente
la «garantía del Estado»: el sello postal.

---

9. Véanse C. Longobardi, «La lettura fascista dell'ultimo Orazio Lirico», en
T. Franco y C. Piantanida (eds.), *Echoing Voices in Italian Literature. Tradition
and translation in the 20th century*, Lady Stephenson Library, Newcastle, 2018,
pp. 84-99 (*cf.* en particular p. 85), y *Res gestae divi Augusti*, 26, 5: *Meo iussu et
auspicio ducti sunt <duo> exercitus eodem fere tempore in Aethiopiam et in Ara-
biam, quae appel<latur> Eudaemon* («Por orden y auspicio míos fueron llevados, casi al mismo tiempo, dos ejércitos a Etiopía y a Arabia, la cual es llamada *Eudaemon* [≈ "feliz"]»). Con la voz *Aethiopia*, los romanos se referían
genéricamente al territorio situado al sur de Egipto y no, por tanto, a la actual
Etiopía, que está todavía más al sur.

El ángel de la historia

La historia
no se abre paso, se obstina,
detesta el poco a poco, no avanza
ni retrocede, cambia de andén
y su dirección
no está en el horario.

Eugenio Montale,
«La historia»

Tras el fin de la última guerra mundial, estos *usos* ideológicos del pasado clásico se fueron progresivamente desvaneciendo conforme iban aflorando las consecuencias de la catástrofe que, en su disfraz mitológico fascista y nazi, también los antiguos habían provocado. Hoy en día, ya no se ven exaltaciones de la misión civilizadora llevada a cabo por el imperio de Roma —excepción hecha de las reivindicaciones de ciertos movimientos ultraderechistas—, como tampoco se habla ya de esa supuesta superioridad de los griegos respecto a otras razas y otras culturas.

Eso no significa, por supuesto, que debamos consignar al olvido los usos coloniales del pasado romano o las aciagas «helenomanías» racistas. Sería importante, de hecho, que, en las escuelas, el estudio de las lenguas y culturas clásicas fuese acompañado de la conciencia de los usos ideológicos de los que dichas disciplinas fueron objeto en el pasado, con el objetivo de marcar explícitamente la distancia que hoy nos separa de ciertas aberraciones. Los manuales de griego y latín que se usan en nuestros institutos de educación secundaria tendrían que dedicar a eso un espacio específico, pero sobre todo sería indispensable que esa conciencia se adquiriese de manera estable en las universidades, donde, si bien es cierto que las asignaturas sobre la «recepción» de lo clásico se multiplican, la perspectiva adoptada es, casi siempre, la de la literatura, la poesía, el arte o el cine que en los clásicos ha encontrado alimento. Rara vez se consideran, en efecto, esas funestas aventuras intelectuales —ideológicas y políticas— a las que dio vida la cultura griega y romana, a pesar de que tales episodios constituyan, con idéntico derecho, otras tantas manifestaciones de la «fortuna» de los clásicos.

Los antiguos, entonces, ¿serían inocentes? Y las acusaciones que se dirigen contra su sociedad y contra su cultura desde el movimiento *decolonizing classics*, ¿se habrían sencillamente equivocado de objetivo, apuntando sus dardos más hacia los *usos* ideológicos de los clásicos —los cuales hoy solamente merecerían que se profundizara su estudio histórico—, y no hacia la sustancia de la cultura de los mismos? Pues no. Resulta que también las *interpretaciones* del mundo griego y romano que ofrecen los historiadores —por mantener viva esa distinción en la que venimos basándonos hasta aquí— pintan un panorama en muchos sentidos estridente, negativo, de la Antigüedad clásica, poniendo de relieve las diferencias que la separan de los ideales de nuestra cultura actual (especialmente la de corte progresista). Bastará con recordar algunos fenómenos, por lo demás bien conocidos. La sociedad griega se basó en la esclavitud; de eso no hay duda. Y, de esta práctica, Aristóteles llegó incluso a teorizar un carácter «natural». Como escribe Moses Israel Finley, «en la Antigüedad grecorromana no había acción, creencia o institución que no estuviese influida [...] por la eventualidad de que, quien en ella se viera implicado, *pudiera ser* un esclavo»[1]. Además, los griegos consideraban «bárbaros» a los extranjeros y tal calificativo nacía de un sentimiento de burla y desprecio. Atenas y otras ciudades griegas desarrollaron, en efecto, el mito de la «autoctonía», según el cual únicamente los «hijos de aquella tierra» tenían derecho a residir en la misma con estatus de ciudadanos, del cual quedaban consecuentemente excluidos los esclavos y los metecos. Añádase que la polis griega reservó, como es sabido, a las mujeres un papel marginal y subordinado a los varones en la vida de la ciudad.

En cuanto a la sociedad romana, también ella se basó, como sabemos, en la esclavitud, si bien en formas bastante más variadas y complejas de las que podría captar una mirada superficial. La homosexualidad entre individuos libres no estuvo aquí reconocida ni aceptada nunca; de hecho, «someter» a un ciudadano libre se consideraba *stuprum* (aunque parece que, con el tiempo, los varones adultos practicaron también el amor con los muchachos libres, a la manera griega). Ampliamente permitidas y practicadas eran, en cambio, las relaciones con los esclavos —de hecho, para el esclavo someterse al amo era una «necesidad»—, mientras que el homosexual pasivo —el *mollis*, el *cinaedus* o el *pathicus*— es un personaje ridiculizado en la literatura satírica, y probablemente

---

1. Véase M. I. Finley, *Schiavitù antica e ideologie moderne*, Laterza, Roma / Bari, 1981, p. 81 (la cursiva está en el original). [Trad. cast., *Esclavitud antigua e ideología moderna*, Crítica, Barcelona, 1982].

tales comportamientos estuvieran incluso castigados por una norma específica, la *lex Scatinia*[2]. Y en lo que a la mujer respecta, nos consta que en Roma no se le reservaba ningún papel en la vida pública de la ciudad, quedando privada también de poder familiar (aunque la capacidad de hacer testamento, de ser a su vez destinaria de herencias y de transmitir en ciertos casos la ciudadanía romana, garantizó a la *matrona* una posición claramente superior a la de la mujer griega, que jamás gozó de semejantes atribuciones jurídicas)[3]. Roma fue, sin embargo, sobre todo una potencia que se quiso imperialista; y con esa misión suya dominadora siguió identificándose, provocando cruentas guerras y sometiendo a su poder a pueblos que ciertamente no le había pedido que lo hiciera. Hasta el extremo de que la exaltación tradicional de la «misión civilizadora» de Roma —tan del gusto de muchas generaciones de estudiosos del pasado—, hoy se ha vuelto, de hecho, del revés, transformándose en una acusación de «epistemicidio»: los conquistadores romanos habrían perpetrado, deliberadamente, una destrucción de los saberes y de las culturas de los pueblos sometidos[4].

Y podríamos, naturalmente, seguir enumerando estridentes diferencias que nos separan del mundo clásico —lo mismo griego, que romano—, ya que no hemos sacado a re-

---

2. Véase E. Cantarella, *Secondo natura. La bisessualità nel mondo antico*, Rizzoli, Milán, 1995, pp. 134 y ss. [Hay trad. cast. de María del Mar Llinares, *Según natura. La bisexualidad en el mundo antiguo*, Akal, Madrid, 2021].
3. Véase *ead.*, *Passato prossimo. Donne romane da Tacita a Sulpicia*, Feltrinelli, Milán 1996, pp. 133 y ss. [Trad. cast.: *Pasado próximo. Mujeres romanas de Tácita a Sulpicia*, Cátedra, Madrid, 1997].
4. Véase D. Padilla Peralta, «Epistemicide. The Roman case», en *Classica* XXXIII (2020), n.º 2, pp. 151-186. El artículo, bastante rico y documentado, no está exento de forzamientos ideológicos debidos a la *agenda* propia del autor.

lucir sino algunas —las más visibles—, dando con ello la razón al movimiento *decolonizing classics*. La pregunta, sin embargo, seguiría siendo la misma: entonces, ¿qué hacemos? ¿Agarramos, en efecto, la cultura clásica y la silenciamos, la acallamos para siempre, expulsándola de nuestras instituciones educativas, como querrían los partidarios más acérrimos del movimiento? ¿O bien tratamos de dar una visión depurada, saneada, de dicha cultura, esforzándonos por volverla «más buena», eliminando sus partes escabrosas o, por lo menos, poniendo en guardia a los alumnos frente a determinadas lecturas? Esta última solución me trae a la memoria aquel *Ovidio moralizado* que circulaba por Europa —no es la primera vez que el autor de las *Metamorfosis* incurre en los rigores de los moralistas...—, o, mejor aún —por no salir del ámbito anglófono—, la obra, de infeliz recordación, de aquel Thomas Bowdler que expurgó las piezas de Shakespeare de pasajes o episodios considerados impropios, siendo así que la muerte de Ofelia se transmutaba en un accidente, la exclamación *God!* se reemplazaba sistemáticamente por un *Heavens!*, y la simpática prostituta Doll Tearsheet desaparecía por completo del *Enrique IV*[5]. Por lo demás, ¿acaso no hay quien propone hoy «depurar» los libros de Roald Dahl, suprimiendo los términos que se consideran «ofensivos» para algunos sujetos?[6].

---

5. Véase T. Bowdler, *The Family Shakespeare. In which nothing is added to the original text, but those words and expressions are omitted which cannot with propriety be read in a family*, 2.ª ed., Longman, Hurst, Rees, Orme and Brown, Londres, 1818-1820. Del nombre de Bowdler se ha sacado, de hecho, un verbo —*to bowdlerize*— para indicar la censura moral de las obras literarias.
6. Véase por ejemplo V. Giannoli, «Roald Dahl, via le parole "grasso, brutto, nero" dai suoi libri. Polemica sulla censura in nome del politicamente corretto», en *La Repubblica*, 20 de febrero de 2023.

Semejante censura moral —dicho sea de paso— se asemeja bastante, en otro ámbito, a la obra de Daniele da Volterra, *alias* el Braghettone, quien puso calzones a los desnudos de *El juicio universal*. Una comparación, bien mirado, tampoco tan peregrina, si se piensa en el despido de aquella profesora estadounidense que, en una clase de historia del arte, se había atrevido a mostrar a sus alumnos el *David* de Miguel Ángel (obviamente, desnudo)[7].

Decidir *hoy* proponer una versión selectiva de los clásicos, o bien salpicar los textos de advertencias, constituye una práctica que nadie debería poder aceptar; salvo que se esté dispuesto a reconocer a la censura —dictada por la motivación o ideología que sea— un valor que choca frontalmente no solo con la libertad de pensamiento y con el conocimiento de la historia, sino también con la *curiosidad*, es decir, con una disposición anímica que no por casualidad ha constituido, ya en el pasado, la bestia negra de apóstoles y moralistas[8]. Diseminando *trigger warnings* por el corpus de los textos clásicos, mutilándolos y reduciéndolos para volverlos «más buenos», se congela, en efecto, ese afán de lectura viva, de exploración libre y sin confines, que es la sal de toda investigación y de cualquier actividad intelectual. En cuanto a la primera (y más drástica) solución propuesta por el movimiento *decolonizing classics* o por la cultura de la cancelación —la solución de suprimir, de eliminar—, la encuentro simplemente inaceptable por el banal motivo de que no la entiendo.

---

7. Véase G. Gori, «Florida, prof licenziata per aver mostrato il *David* di Michelangelo ai suoi studenti: "È pornografia"», en *Corriere Fiorentino*, 23 de marzo de 2023.
8. *Cf.* pp. 196-200. *infra*.

Si partimos del principio de que los romanos no merecen ser conocidos porque su cultura llevó a cabo un «epistemicidio» contra las de los pueblos que ellos conquistaron[9], no es posible, sin embargo, pasar por alto el hecho de que, previamente, algunos de esos pueblos habían cometido, a su vez, la misma fechoría contra culturas anteriores. La historia, por desgracia, no solamente es progreso y desarrollo: también es una sucesión de tropelías. No se puede echar a andar hacia atrás en el tiempo y decidir, arbitrariamente, echar el freno en determinado estadio cultural que pasa a considerarse absoluto, como si nada hubiese nunca ocurrido antes. Ese aparente estado virginal de algunas de las culturas sometidas por los romanos deriva simplemente del hecho de que dichas culturas no utilizaban los caracteres del alfabeto, mientras que los conquistadores nos dejaron memoria *escrita* de su imperialismo. Pero resulta que la oralidad no es sinónimo de inocencia. E igual de ocioso es aclarar que no tiene sentido decidir echar el freno al llegar a la cultura clásica —en cuanto que responsable de discriminación y colonialismo—, en vez de seguir hacia delante: hacia las culturas medieval y renacentista, y así sucesivamente hasta llegar a la actualidad[10]. Si se vuelve del revés el vademécum, leyéndolo por la parte de las sombras en lugar de por la de las luces, como se suele hacer —sobre

9. Véase Padilla Peralta, «Epistemicide...», *op. cit.*
10. Cosa que, por lo demás, probablemente ya esté sucediendo, puesto que se disuade a las jóvenes generaciones de leer obras escritas por *dead white european males* («varones europeos blancos muertos») como Dante o Shakespeare; véase Dei, «La "cancel culture" come subcultura politica», *op. cit.* Sobre el movimiento llamado *disrupt texts*, *cf.* pp. 195-196. *infra.*

todo en los libros escolares—, y si la historia se somete a la criba de un juicio *moral*, entonces la desconsoladora diferencia que el pasado posterior a la época antigua manifiesta respecto a nuestros ideales de hoy se revela, en efecto, con la misma cruda claridad con que se presenta cuando se mira al mundo griego y romano. Demasiados, y demasiado conocidos, serían los ejemplos aducibles. De ahí que prefiramos saltar directamente a la única reflexión que verdaderamente vale la pena reproducir para cerrar la presente sección de nuestras consideraciones, si bien la fama inmensa de dicha reflexión podría incluso eximirnos de hacerlo:

Hay un cuadro de Paul Klee llamado *Angelus Novus*. En ese cuadro se representa a un ángel que parece a punto de alejarse de algo a lo que mira fijamente. Los ojos se ven desorbitados, tiene la boca abierta y además las alas desplegadas. Pues este aspecto deberá tener el ángel de la historia. [...] Donde ante *nosotros* aparece una cadena de datos, *él* ve una única catástrofe que amontona incansablemente ruina tras ruina y se las va arrojando a los pies. Bien le gustaría detenerse, despertar a los muertos y recomponer lo destrozado [curar las heridas]. Pero, soplando desde el Paraíso, una tempestad se enreda en sus alas, y es tan fuerte que el ángel no puede cerrarlas. Esta tempestad lo empuja incontenible hacia el futuro, al cual vuelve la espalda mientras el cúmulo de ruinas ante él va creciendo hasta el cielo. Lo que llamamos progreso es justamente *esta* tempestad[11].

11. W. Benjamin, *Sul concetto di storia*, ed. de G. Bonola y M. Ranchetti, Einaudi, Turín, 1997, pp. 35-37. [La trad. cast. recién dada no es *ad hoc* de la

Huelga comentar un texto tan bonito y tan famoso. No queda sino admirar su claridad desprovista de encantos. El progreso es una tempestad incontenible que solo produce y deja tras de sí ruinas. Ante lo cual, el ángel de la historia no puede hacer nada, salvo mirar el cúmulo que va creciendo y dejarse arrastrar por la tempestad hacia un futuro que no puede ver. ¿Qué nos están pidiendo, entonces, la cultura de la cancelación y el movimiento *decolonizing classics*? ¿Que volvamos hacia el otro lado —es decir: hacia el futuro— el rostro del ángel de la historia? Imposible: el viento ya le ha hinchado las alas, y el ángel no se puede volver. ¿Están pidiéndonos quizás que «depuremos» o «purguemos» las ruinas hacia las cuales vuelve su mirada el ángel? Así solo conseguiríamos perder la conciencia de nosotros mismos y de lo que antes que nosotros sucedió. Lo único que podemos hacer es seguir mirando, igual que el ángel, hacia el pasado y seguir haciéndonos preguntas, tratando de «recomponer lo destrozado» —al menos con nuestro pensamiento— para buscar a quién y qué podríamos salvar de entre tales ruinas, y sobre todo para *entender* cómo ha podido ocurrir todo eso. Para que el diálogo no se interrumpa ocultando simplemente los cúmulos de diferencias que nos separan del pasado.

italiana recién dicha, sino que es de Alfredo Brotons Muñoz, *cf.* W. B., *Obras*, libro 1, vol. 2, Abada, Madrid, 2008, «Sobre el concepto de historia», p. 310]. La expresión «curar las heridas» (*panser les blessures*) figura en la versión francesa —*cf.* W. B., *Sul concetto di storia, op.* recién *cit.*, p. 67—, mientras que la versión alemana dice «recomponer lo destrozado» (*das Zerschlagene zusammenfügen*); *cf. ibid.*, p. 36. Igual de hermosa es la reflexión de Benjamin sobre los «bienes culturales», los cuales son, al mismo tiempo, «testimonio de cultura y testimonio de barbarie» (*cf.* el mismo *Sul concetto di storia*, pp. 29 y ss.); reflexión que Vesperini cita en uno de los pasajes más afortunados de su *Que Faire du passé...*, *op. cit.* (véanse pp. 50 y ss.).

Razones y estereotipos

> En todas las épocas vuelve a hacer falta intentar arrebatarle de las manos la transmisión del pasado al conformismo, que está a punto de subyugarla.
>
> WALTER BENJAMIN, *Sobre el concepto de historia*

No quisiéramos, sin embargo, que las consideraciones hasta aquí expuestas diesen al lector una impresión equivocada: la de que nosotros pretendemos liquidar el movimiento *decolonizing classics* encogiéndonos de hombros y ya está. No es así. Opinamos, antes bien, que detrás de las complejas y múltiples manifestaciones de dicho movimiento, hay razones dignas de respeto. Y las más determinantes apuntan, ciertamente, más al *hoy* que no al pasado. Si pudiéramos abrir un *diálogo* con el movimiento *decolonizing classics*, dentro de la pequeña tormenta que dicho movimiento ha desencadenado veríamos agitarse, en efecto, numerosos elementos de cuyo «frotamiento» es posible hacer brotar, como Platón nos enseñara, chispas de comprensión, cuando no de «verdad». Observemos, por ejemplo, qué sucede si frotamos lo que queda del llamado «milagro griego» —de esa Grecia que sería la matriz de toda civilización— con la necesidad, o mejor dicho con la voluntad, que una serie de minorías (que hoy ya no lo son tanto) tienen de ver reconocida, y consecuentemente enseñada, también *su propia* cultura y no solo la que deriva de *the classical heritage* (es decir: del legado clásico). O bien veamos si brota la chispa poniendo en contacto la granítica, sólida presencia de la esclavitud en el mundo antiguo, con el malestar experimentado por grupos humanos, incluso amplísimos, los cuales ven en tal fenómeno esclavista una proyección de la esclavitud que sufrieron sus antepasados y, sobre todo, de la esclavitud que los descendientes continúan padeciendo bajo otras formas de sometimiento más o menos explícito[1]. Hagamos reaccionar, del mismo modo, a los mitos o a las tramas de comedia en que figuran violencias contra las mujeres, con el auge creciente de los movimientos feministas (tomados, precisamente, en el momento en que luchan contra ese mismo fenómeno). Si bien la pedagogía de la protección a toda costa —como la hemos llamado— se nos antoja excesiva, eso no quita que negar la existencia del problema sería estúpido[2]. Y volvamos también a observar —ya lo hemos hecho— qué ocurre *fuera* de los departamentos de *classics* en el mundo anglosajón, toda vez que estudiosas y estudiosos procedentes de distintas minorías manifiestan las dificulta-

---

1. Véase Vesperini, *Que Faire du passé...*, *op. cit*; *cf.* en particular pp. 42 y ss.: «La historia de la historia europea ha dejado de ser una historia sagrada».
2. Véase N. Sorkin Rabinowitz y F. McHardy (eds.), *From Abortion to Pederasty. Addressing Difficult Topics in the Classics Classroom*, The Ohio State University Press, Columbus, 2014, p. 173: «No solamente es posible que, a cualquier alumna vuestra, de repente la violen en el *college* —porque ya habéis dado clase a alumnas que han sido violadas en el *college*, y a muchas de ellas las han violado otros alumnos—, sino que, de hecho, prácticamente todas vuestras alumnas conocen personalmente a alguna víctima de violación». (Si quien habla de este modo dice la verdad, la situación de los *colleges* estadounidenses se antoja realmente desoladora).

des que encuentran para acceder a la enseñanza universitaria de las disciplinas relativas a la Antigüedad, o para acceder en general a la producción, recepción y circulación de las contribuciones que animan el debate científico de tales disciplinas[3]. O bien volvamos sobre el sentimiento de malestar y marginación que experimentan, en ciertos templos del saber sobre el mundo clásico, alumnos negros cuando resulta que los alardes que se hacen en términos de inclusión son pura fachada[4]. En definitiva: no podemos perder de vista que, si ha habido una civilización que ha practicado a lo grande la cancelación de culturas, ha sido precisamente la europea[5].

Por otro lado, este bosquejo de las razones que militan en favor del movimiento *decolonizing classics* puede explicar, en parte, por qué en nuestro país no parece que, hasta ahora, dicho movimiento haya suscitado especial adhesión. Lo cierto es que, al menos por el momento, en Italia no hay minorías que puedan lamentar haber sido excluidas del mundo de los clásicos. Entre los ciudadanos italianos no hay, sobre todo, descendientes de esclavos que, puestos frente a las culturas esclavistas antiguas, inevitablemente se

3. Véase K. Ali, «The politics of citation», en *Gender Avenger*, 31 de mayo de 2019. *Cf.*, en general, las reivindicaciones contenidas en la «Faculty Letter» que un nutrido grupo de docentes dirigió al *president* de la Universidad de Princeton y a otras personalidades académicas (el texto se encuentra fácil en internet). Véase también p. 89-90 *supra* y, sobre todo, Borgna, *Tutte storie di maschi bianchi morti...*, *op. cit.*

4. Véanse los testimonios de S. Mac Eccleatone y D. Padilla Peralta en «Racing the classics. Ethos and praxis», en *American Journal of Philology* CXLIII (2022), n.º 2, pp. 199-213. Tales experiencias han llevado a la creación de la «International conference series *Racing the Classics*».

5. Véanse las bonitas páginas de Vesperini al respecto en *Que Faire du passé...*, *op. cit.* (*cf.* en particular pp. 41 y ss).

resientan de la que sufrieran sus ancestros, con cuya pesada herencia siguen ellos cargando. Razón por la cual, liquidar el movimiento *decolonizing classics* encogiéndose de hombros y ya está —cosas de americanos, ya se sabe—, supondría perder de vista el hecho de que nosotros, en cierto sentido, (¿todavía?) nos podemos permitir hacer tal cosa. Italia, en efecto, por ahora tampoco conoce el *ius scholae*[6]. Vendrá el día, sin embargo, en que también aquí tengamos segundas, terceras, cuartas generaciones de jóvenes inmigrantes —magrebís, senegaleses, chinos...— los cuales en sus clases se descubran, junto con muchachos de ascendencia italiana, reflexionando sobre el pasado —como siempre ocurre cuando se estudia la historia—, salvo que de pronto vean que sus respectivos pasados, inevitablemente, en realidad divergen. ¿Qué pedirán entonces? ¿También ellos aceptarán estudiar una historia antigua que se concibe como un recorrido unidireccional que empieza con los egipcios y los mesopotámicos y va avanzando por los mundos griego y romano —como ahora se hace en la escuela italiana—, o querrán, antes bien, conocer *su propio* pasado y *su propia* cultura, sintiendo quizás que tal pasado y tal cultura se hallan *en conflicto* con lo que nosotros, los italianos, identificamos con los *nuestros*?

Pero, volviendo al movimiento *decolonizing classics*, pensamos que la chispa más viva de cara a comprender las razones del mismo podría saltar en el momento en que lo frotásemos con la *memoria colectiva* que se crea en torno a los

---

6. Literalmente «derecho de escuela». Se refiere a la obtención de la ciudadanía de un país, por parte de los hijos de quienes viven en el mismo como inmigrantes, tras completar dichos hijos determinado ciclo escolar del país en cuestión. (*N. del T.*).

clásicos. Se trata de un experimento que, en este caso, también podría resultar interesante si lo lleváramos a cabo en el ámbito de la cultura italiana. Por «memoria colectiva» de los clásicos entendemos aquello que de manera más habitual «se sabe» —o bien «se recuerda» o «se dice»— en torno a los clásicos y a la cultura que los generó. Esta clase de memoria social se articula alrededor de una serie de grandes acontecimientos o personajes del mundo antiguo —Maratón, Pericles y Atenas, Platón y Aristóteles, Augusto y el Imperio, Virgilio, Nerón...— los cuales sostienen, en calidad de «figuras del recuerdo», la voluble y nebulosa consistencia de tal mundo[7], cuya composición viene dada por un vasto espectro de afirmaciones, estereotipos, relatos, citas, dichos latinos, etc., que deriva de cierta frecuentación escolar, del saber «de oídas», de visitas turísticas o incluso de obras de ficción ambientadas en ese mundo antiguo. (Y también, por qué no, de la producción de algunos divulgadores que, por motivos de interés editorial, están más dispuestos que otros a confirmar determinados estereotipos). Se trata, pues, de una Antigüedad clásica fuertemente *esencializada*, hecha a base de tópicos tipo «nuestra civilización hunde sus raíces en el Areópago», «del *mythos* al *lógos*», «Maratón salvó al mundo occidental», «la peste de Atenas», «el latín es un idioma lógico», «el griego es un idioma que habla de nosotros» —cuando no «el griego es un idio-

---

7. Con la expresión entrecomillada nos referimos, en general, a la corriente de estudios que, en la estela de Maurice Halbwachs, suscitó J. Assmann (*cf. id., La memoria culturale. Scrittura, ricordo e identità politica nelle grandi civiltà antiche*, Einaudi, Turín, 1997). [Ed. original: *Das kulturelle Gedächtnis. Schrift, Erinnerung und politische Identität in frühen Hochkulturen*, Beck, Múnich, 1992; en trad. cast. *cf. id., Religión y memoria cultural. Diez estudios*, Lilmod, Buenos Aires, 2008].

ma genial»—, «Horacio y la *aurea mediocritas*», «*Týtire tú patuláe...*», «los clásicos son nuestros antepasados», etc. Huelga decir que se trata de una memoria, en buena parte, independiente de ningún conocimiento real —ni, desde luego, profundo— de los clásicos[8]. Por lo demás, Mark Twain ya decía que «clásico es el libro que todos quisieran haberse leído, pero nadie tiene ganas de leerse». Salta a la vista, sin embargo, que, de manera más o menos consciente, tal memoria tiende a obviar y omitir precisamente aquellos aspectos de las civilizaciones antiguas que más enojosos podrían resultar al movimiento *decolonizing classics*. A las numerosísimas visitas turísticas que recorren el Coliseo, este monumento se les suele presentar «esencializado» en su forma de obra maestra de la arquitectura, sin recordar que se trataba de una arena donde se masacraba y torturaba cada día a decenas de personas —hombres y mujeres— para diversión del público.

Es indudable, en resumidas cuentas, que todos aquellos que se inclinan ante los griegos y los romanos —exaltando la inagotable riqueza del legado clásico—, hacen en general un uso muy selectivo de tal legado. Podríamos decir, por continuar con la metáfora jurídica, que reciben la herencia clásica a beneficio de inventario, es decir, que se reservan el derecho de aceptar ítems como la *Eneida* de Virgilio, la práctica del simposio o la *Poética* de Aristóteles, pero no las páginas de la *Política* —también de Aristóteles— en las cua-

---

8. Véase también Vesperini, *Que Faire du passé...*, *op. cit.* (*cf.* en particular p. 72), quien polemiza con A. Marcolongo, *La lingua geniale. 9 ragioni per amare il greco*, Laterza, Roma / Bari, 2016. [Hay trad. cast. de Teófilo de Lozoya y Juan Rabasseda, *La lengua de los dioses. Nueve razones para amar el griego*, Taurus, Barcelona, 2017].

les el filósofo pretendía determinar, sin titubeos, las características de quienes eran esclavos por naturaleza[9]. «La esclavitud antigua, ¿acaso no fue el doloroso precio a pagar para que pudiera florecer la espléndida civilización griega y romana, de cuyos frutos seguimos disfrutando actualmente?». Es una cosa tremenda que cínicas banalidades y siniestros lugares comunes de este estilo sigan hallando el modo de repetirse con el objetivo de justificar la explotación a la que Europa sometió, en los siglos pasados, a los países que colonizara, como cuando se sostiene que, si bien en muchas partes del mundo «las conquistas coloniales provocaron efectos devastadores», así y todo la prosperidad general económica y civil a la que tales conquistas dio lugar, hace que el balance del imperialismo occidental siga siendo altamente positivo. No nos parece casual que, quienes expresan opiniones de este tipo, sean estudiosos que, por su parte, también suprimirían el conocimiento del mundo antiguo, para así evitar cualquier comparación peligrosa[10].

9. Véase Bettini, *Homo sum...*, *op. cit.* (*cf.* en particular pp. 41 y ss.).
10. En tal sentido se posicionan historiadores como I. Morris; *cf.* su *War, What Is It Good For? The role of conflict in civilisation, from primates to robots*, Profile books Ltd. / Farrar, Straus and Giroux, Londres / Nueva York, 2014, pp. 168 y 225 y ss. [Hay trad. cast. de Claudia Casanova y Joan Eloi Roca, *Guerra, ¿para qué sirve? El papel de los conflictos en la civilización, desde los primates hasta los robots*, Ático de los Libros, Barcelona, 2022]. Acerca de las opiniones de Morris sobre las *classics, cf.* p. 91-92 *supra.*, véase también W. Scheidel, *Fuga dall'impero. La caduta di Roma e le origini della prosperità occidentale*, Luiss University Press, Roma, 2022 [ed. original: *Escape from Rome. The Failure of Empire and the Road to Prosperity*, Princeton University Press, Princeton, 2019], y *cf.* C. Viglietti, «For those who curse the candle. A culturally and historically relativistic proposal for rethinking the approach to the ancient economy (via archaic Rome)», en S. Bernard y S. Murray (eds.), *Morality and Models. Assessing Modern Approaches to the Greco-Roman Economy*, Palgrave, Londres, 2024, pp. 1-21.

Estudiosos y académicos

> La filología es una ciencia extraordi-
> naria... siempre y cuando salga uno
> de ella.
>
> ERNEST RENAN

Si este es el perfil de la cultura clásica surgido de la memoria colectiva de la misma —un perfil esencialmente estático e inerte—, ¿qué imagen del mundo griego y romano nos proporcionan las investigaciones, digamos, profesionales? Como era de esperar, en este terreno la situación se presenta muy distinta. De ningún modo se puede decir, en efecto, que los estudiosos no hayan puesto sobre la mesa esos mismos aspectos de las sociedades antiguas sobre los cuales hoy llaman la atención los promotores del movimiento *decolonizing classics*. Ha sucedido, si acaso, lo contrario. Sería absurdo olvidar que ya Montesquieu (1748) señaló algunos elementos peculiares de los regímenes esclavistas clásicos, abandonando la perspectiva precedente puramente anticuaria[1]; y a lo largo de los dos últimos siglos se han realizado incontables investigaciones sobre este

---

1. Véase Montesquieu, *De l'Esprit des lois*, libro XVI, en *id.*, *Œuvres complètes*, vol. II, Bibliothèque de la Pléiade, Gallimard, París 1951, pp. 490-508. [Hay trad. cast. de Mercedes Blázquez y Pedro de Vega, *Del espíritu de las leyes*, Alianza, Madrid, 2015].

tema capital, con posicionamientos que van desde la condena abierta, hasta las tentativas de justificación o las comparativas con experiencias esclavistas de la Edad Moderna (estudios ora especializados, ora animados por «agendas» ideológicas específicas). También la cuestión del racismo entre los griegos y los romanos ha suscitado animadas discusiones sobre la posibilidad misma de que tal categoría se pueda aplicar al mundo antiguo, invitando así a los estudiosos a profundizar, correlativamente, en los rasgos distintivos del racismo moderno o contemporáneo[2]. Y los estudiosos han dedicado en general mucha atención a la relación de exclusión para con los extranjeros que caracterizaba la vida de numerosas ciudades griegas[3]. Por otra parte, en Francia e Italia se ha ido consolidando, desde finales del siglo XX, una visión antropológica del mundo antiguo que, poniendo el foco sobre todo en las *diferencias* que nos separan de dicho mundo —más adelante hablaremos de eso—, ha contribuido fuertemente a introducir otros aires en el ámbito de los estudios clásicos. Y, gracias a la mediación de editores inteligentes y audaces, estos nuevos horizontes investigativos se han abierto también a un público más amplio de cultores y aficionados. El presupuesto de esta corriente de estudios consiste en considerar que la cultura clásica no es *la* cultura por excelencia, sino *una* cultura *entre* otras (siendo, por tanto, susceptible de someterse a reflexiones comparativas, lo que supone una actitud opuesta a la de aquellos que en el

2. Véase, en p. 203-204 *infra*, el «Apéndice bibliográfico sobre esclavitud y racismo en el mundo antiguo».
3. Véanse N. Loraux, *Nati dalla terra. Mito e politica ad Atene*, Meltemi, Roma, 1998 [trad. cast.: *Nacido de la tierra. Mito y política en Atenas*, El Cuenco del Plata, Buenos Aires, 2007]; J. Hall, *Hellenicity. Between ethnicity and culture*, University of Chicago Press, Chicago / Londres, 2002, y L. Gourmelen, *Kékrops, le Roi Serpent*, Études Anciennes, Les Belles Lettres, París, 2004.

mundo griego y romano se obstinan en buscar exclusivamente las «raíces» de la civilización occidental)[4]. En cuanto a la exigencia de ampliar el estudio de la Antigüedad más allá de los límites del mundo griego y romano —como algunos representantes del movimiento *decolonizing classics* parecen reclamar—, a lo mejor habría que recordar que tal salida del ámbito del Mediterráneo por parte de los historiadores del mundo antiguo se inició, como mínimo, ya en la segunda mitad del siglo XVIII[5]. Y no olvidemos, por último, que, precisamente en los Estados Unidos y en el Reino Unido, las investigaciones promovidas por los *women studies*, por los *gay / lesbian studies* y por los *gender studies* constituyen actualmente uno de los sectores más fructíferos —y también más frecuentados— entre los estudiosos del mundo clásico de las nuevas generaciones.

En definitiva: que esta pluralidad de estudios sobre la Antigüedad constituye precisamente el punto de partida del movimiento *decolonizing classics*, que, sin todo ese trajín académico previo, no habría siquiera tenido la posibilidad de cuajar. En la práctica, tal movimiento ha abierto a estos nuevos ámbitos de estudios una perspectiva moral —o igual sería mejor decir «moralista»— cuya conclusión consiste en que, «si el mundo antiguo era esto que nos decís, ¿por qué no rompemos con él de una vez por todas?».

De manera que, en lo que se refiere al trabajo de los estudiosos —o, por lo menos, al de muchos estudiosos—, sería

4. En el ámbito de Italia podemos remitir a M. Bettini y W. M. Short (eds.), *Con i Romani. Un'antropologia della cultura antica*, Il Mulino, Bolonia, 2014 (publicado en inglés como *The World through Roman Eyes. Anthropological approaches to ancient culture*, Cambridge University Press, Cambridge, 2018).
5. Véase A. Momigliano, «Preludio settecentesco a Gibbon», en *id.*, *Sui fondamenti..., op. cit.* (*cf.* pp. 312 y ss.).

imposible negar que esos puntos «candentes» de la Antigüedad en torno a los cuales hoy giran los intereses (o la polémica) del movimiento *decolonizing classics*, ya llevan tiempo siendo objeto de discusión. No olvidemos, sin embargo, que, junto a estas corrientes más vivaces de los estudios clásicos, existe también otra que es menos sensible a los temas surgidos de la actualidad, y a la cual podemos denominar «escolar-académica». Se trata de una forma de mirar al mundo antiguo ciertamente distinta, y más refinada, respecto a la que hemos visto que caracteriza la memoria colectiva de los clásicos. Es un enfoque, no obstante, que sigue ligado a modelos de estudio y docencia claramente más tradicionales que los utilizados en los *women studies* o en la antropología del mundo antiguo. Esta dimensión escolar-académica de los estudios clásicos florece en algunos de los institutos de educación secundaria italianos —donde se sigue enseñando griego y latín—, pero a veces también en el ámbito universitario. Se trata de una visión que, por tradición, no es solamente que en general se fije poco en el tema de las diferencias existentes entre nosotros y los antiguos, sino que, sobre todo, no muestra interés por señalar aquellas diferencias *específicas* que más chocantes resultan para nuestra sensibilidad. No es que tales diferencias se silencien o se ignoren, como sucede en la memoria colectiva relativa a los griegos y a los romanos (una memoria que representan quienes aceptan la herencia clásica a beneficio de inventario). Es simplemente que tales diferencias no son puestas de relieve allí donde se manifiestan. Desde tal visión del mundo clásico, la tendencia era —y a menudo sigue siendo— entender las referencias a la esclavitud o a la discriminación de las mujeres y de los homosexuales como obvios «hechos de la vida». Dichas referencias se enfocan, mejor dicho, con el mismo rasero que todos los demás elementos que concurren en la composición de los *textos* clásicos, que como tales exigen un ahondamiento lingüístico, literario, histórico o filológico, pero en modo alguno una reflexión humana, humanitaria o antropológica. El hecho de que, en el mundo antiguo, determinadas cosas «fueran de ese modo» —es decir: que la literatura presentara mitos de violencia contra la mujer, o que la sociedad estuviera basada en la esclavitud—, se somete a una especie de neutralización o *naturalización* de la mirada. Según esta visión, las reflexiones suscitadas por las obras clásicas —o, más exactamente, las reflexiones que *se espera* que tales obras susciten— son tradicionalmente otras. Como hemos dicho, a los textos se les pide que contesten a preguntas de carácter lingüístico, interpretativo, intertextual, histórico, estético, etc. (no de otra clase). Tal es, en esencia, el set de herramientas tradicional que se ponía —y a menudo se sigue poniendo— en manos del estudioso de la Antigüedad durante su formación académica; un instrumental que luego se filtra a la enseñanza escolar bajo formas todavía más simplificadas.

Dicho lo cual, quisiéramos mostrar algún ejemplo concreto de naturalización de la mirada por parte de determinada tradición escolar-académica ante determinados componentes de los clásicos los cuales al movimiento *decolonizing classics* se le podrían antojar, por el contrario, chocantes. (A nosotros nos resultan, como veremos, no menos llamativos). Usar ejemplos —usar *exempla*— nos ha parecido siempre el mejor modo de proceder, aparte del más interesante. Eso era, de hecho, lo que enseñaba la retórica antigua.

Estridentes diferencias

Cuando la curiosidad se aplica a cuestiones serias, se llama «investigación».

MARIE VON EBNER-ESCHENBACH,
Aphorismen

¿Se puede considerar a Horacio un maestro de sabiduría? Sin lugar a dudas. Y también, probablemente, un maestro de virtud. Este hijo de la antigua ciudad de Venusia era, en esencia, lo que se dice una buena persona. Sus *Sátiras* y *Epístolas* no son textos de los que uno aprenda a hacer el mal. Acerquemos, sin embargo, el objetivo y observemos, por ejemplo, qué ocurre cuando se lee una de las sátiras más famosas (y también más divertidas): la séptima del libro segundo. En la ficción del poeta, Davo, uno de los esclavos de este, aprovecha la *libertas Decembris* —o sea: la fiesta de las saturnales, en la cual caían las barreras entre esclavos y amos— para soltar a Horacio un largo sermón filosófico: «Eres un inconstante; dices que quieres quedarte a cenar en casa, pero sales corriendo si te llama Mecenas. En cuanto a las mujeres...», etc. Pues bien: los comentarios de este texto suelen dedicar mucho espacio a cuestiones como la originalidad de su invención, el contenido de las reflexiones de Davo o el cuño filosófico de las mismas; pero en general no se detienen en el hecho de que, al final de la composición, Horacio, irritado, se libra de Davo con una amenaza:

> Como no te vayas de aquí ahora mismo, vas a acabar en la finca de Sabinia como noveno peón[1].

Obviamente Horacio ya tenía a ocho esclavos trabajando la tierra para él en su finca de la región de Sabinia, y Davo corría el riesgo de convertirse en el noveno. Podría parecer una ocurrencia como cualquier otra: un buen modo, por parte del personaje de Horacio, de zafarse de una situación incómoda, teniendo en cuenta el rapapolvo que Davo le está dirigiendo. Y el Horacio poeta aprovecha la ocasión para cerrar la composición —porque se trata del último verso— con una salida brillante. Si nos paramos a pensar un poco, sin embargo, nos damos cuenta de que la situación es otra. Resulta, en efecto, que, para un *servus* romano, que lo destinaran a trabajar la tierra representaba una de las peores condenas que podían tocarle en suerte (tanto por las condiciones de trabajo a las que se veía sometido, como por la certeza, casi absoluta, de que nunca sería liberado)[2]. Semejante perspectiva era, en resumidas cuentas, muy distinta de la de las personas esclavizadas que cumplían, conforme a la variada casuística de la esclavitud de la Antigüedad, la función de siervos domésticos —como era el caso de

---

1. Horacio, *Sátiras*, 2, 7, 117-118.
2. Véase J. Andreau y R. Descat, *Gli schiavi nel mondo greco e romano*, Il Mulino, Bolonia, 2009, p. 99.

Davo—, o bien de porteros, de preceptores, de artesanos, de sacrificadores, de servidores públicos, de médicos, de comerciantes, etc. Veamos, de hecho, cómo presenta Varrón, en su tratado sobre la agricultura, a los esclavos *operarii* en el capítulo que dedica a «lo que se utiliza para cultivar los campos»:

> Voy a decir ahora con cuáles medios se cultivan los campos. Esta materia, algunos la dividen [...] en tres partes; a saber: instrumentos dotados de voz *(instrumenta vocalia)*, instrumentos semivocales e instrumentos mudos. Integran la primera categoría los esclavos; la segunda, los bueyes; la tercera, los carros[3].

Como se ve, Varrón consideraba al esclavo rústico un «instrumento», al mismo nivel que un carro o que un buey; con la única diferencia de que el esclavo estaba dotado de voz articulada, mientras que el buey lograba, como mucho, mugir, y el carro era mudo. De tales palabras surge una concepción extremadamente *deshumanizadora* de la esclavitud; una concepción semejante, por lo demás, a la que regía en otras sociedades esclavistas del mundo. Análoga era, por ejemplo, la distinción que los soninké establecían entre bienes «tumbados» —es decir: bienes muertos— y bienes «en pie» —es decir: bienes vivos—, componiéndose la segunda categoría de esclavos y ganado[4]. Conque a tal situación se habría visto reducido Davo de haber cumplido Horacio su amenaza. Ante lo cual, ¿qué debemos hacer? ¿Poner un

---

3. Varrón, *De re rustica*, 1, 17.
4. Véase C. Meillassoux, *Antropologia della schiavitù*, Mursia, Milán, 1992, p. 113. [Hay trad. cast. de Rafael Molina, *Antropología de la esclavitud. El vientre de hierro y dinero*, Siglo Veintiuno Editores, México, 1990].

trigger warning justo antes del cierre de esta composición? ¿Censurar acaso la totalidad de la séptima pieza del libro segundo de las *Sátiras* de Horacio?

Pues no. Mucho mejor sería consignar, en los comentarios horacianos, la definición varroniana que hemos visto, para que así los alumnos (o los lectores) puedan entender el valor real de esas palabras que se dirigen a Davo: te mando a la finca de Sabinia, donde te convertirás en un instrumento igual que los carros y los bueyes, aunque tú dispongas de la capacidad de hablar. Dicho de otro modo: en la escuela, los versos de Horacio y la definición de Varrón podrían utilizarse conjuntamente y convertirse en una *aphormé*, como otras veces hemos denominado tales ocasiones interpretativas[5], refiriéndonos con ello —conforme al significado de dicha palabra griega— al mismo tiempo a un «punto de partida» y a un «recurso» de cara al desarrollo de una reflexión antropológica sobre la situación del esclavo en el mundo antiguo, sobre el tipo de cultura del cual Horacio forma parte y sobre las relaciones sociales que servían de base a la vida misma del autor (cotidiana y poética). Con lo cual ganarían mucho en profundidad tanto el texto de Horacio, como el conocimiento de la cultura romana en general. Paralelamente, en el caso de que esta sátira se leyese en la escuela, un alumno recibiría, al encontrarse abiertamente ante unas formas sociales tan distintas de las que hoy él comparte, un estímulo adicional para interesarse por un texto que, de otra forma, podría dejarlo indiferente. La *curiosidad* —y la capacidad de despertarla— constituye la me-

---

5. Véase M. Bettini, «Comparazione», en Bettini y Short (eds.), *Con i Romani...*, *op. cit.* (*cf.* pp. 43 y ss.).

jor arma que tiene a mano un docente para encaminar a sus alumnos hacia el aprendizaje.

¿Qué podemos encontrar, por el contrario, en las notas al pie de un comentario horaciano tradicional? Básicamente un apunte en estos términos: «Tal réplica se basa en la oposición convencional entre la vida fácil del esclavo de la ciudad, y la vida dura del esclavo del campo». Se trata, como puede verse, de una observación de carácter puramente formal. Se pone de relieve el hecho de que en el verso en cuestión entraría en juego un *tópos*, un «lugar común» de la literatura antigua. Pero este comentario de baja intensidad humana —si así podemos llamarlo— no debería sorprender, como tampoco pretendemos reprochar a la tradición de los comentarios horacianos el que se haya limitado a eso. El propósito de la exégesis de textos clásicos no es, en efecto, tradicionalmente de carácter antropológico —y mucho menos humanitario—, sino únicamente formal. El objeto de estudio son *textos*, las referencias internas y externas de los mismos: no hombres que allí dentro viven. Hoy, en cambio, parece que ha llegado el momento de *rehumanizar* los clásicos, por así decir.

Y he aquí un segundo ejemplo: ¿cuáles son los autores clásicos más divertidos? Petronio y Apuleyo, sin lugar a dudas; por no hablar de Luciano. Aunque también es posible que, de celebrarse un concurso público, la victoria terminara recayendo en Plauto. Este hijo de la antigua ciudad de Sársina es autor, en efecto, de unas comedias de extraordinaria vivacidad que, no en vano, se han seguido retomando e imitando hasta nuestros días; de lo que sirvan como ejemplo el *Pseudolus* (≈ «impostor») o el *Miles gloriosus* (≈ «soldado fanfarrón»). De ahí que no me maravillase si algún profesor especialmente avisado o especialmente intrépido hiciera leer una de tales comedias (con aprovechamiento) a sus alumnos. Lo que ese profesor podría, sin embargo, no prever, es que también a través de textos de este tipo revela la cultura antigua algunos de sus aspectos que hoy más desagradables e inquietantes nos resultan. Tomemos una de las comedias menos canónicas, pero más divertidas, del poeta de Sársina —el *Persa*—, y construyamos sobre ella nuestro estudio de caso.

Ya en la primera escena nos encontramos con dos esclavos, Tóxilo y Sagaristión, que están hablando entre ellos. El primero le pregunta al segundo dónde ha estado, porque hace mucho que no lo ve:

> SAGARISTIÓN: Por Pólux, se ha tratado de un asunto *(negotium)*...
> TÓXILO: ¿Quizás de hierro *(ferreum)?*
> SAGARISTIÓN: Más de un año he pasado bien sujeto con los hierros a la muela [del molino], como tribuno encajagolpes *(tribunus vapularis)*[6].

Para explicar la larga ausencia de Sagaristión, el poeta juega con el sentido de *negotium*, «un asunto» que, de pronto, se transforma en un «asunto de hierro», donde hay una alusión a los hierros que han encadenado al esclavo. Sagaristión insiste en la ocurrencia de su interlocutor: sí, he estado «bien sujeto con los hierros» *(praeferratus)* a la «muela del molino» *(apud molas)*. Sabemos, en efecto, que, en Roma, de hacer girar las muelas de los molinos se encarga-

---

6. Plauto, *Persa*, vv. 21-22.

ban esclavos o animales; y Sagaristión ha pasado más de un año encadenado a esa muela en calidad de *tribunus vapularis*. Esta expresión, que es una invención lingüística de Plauto, alude a la fórmula, ampliamente documentada, *tribunus militaris*, que designa un alto rango del ejército romano. Solo que *vapulo* es el verbo que significa «ser golpeado», «encajar golpes»; por lo que el *tribunus vapularis* es un esclavo «de rango distinguido» en lo que a recibir trompadas se refiere. De modo que este intercambio de ocurrencias entre ambos personajes está construido sobre un juego metafórico que produce una *condensación* entre los «asuntos», el «hierro» (de las cadenas), el estar encadenado a la muela del molino, el escalafón del ejército romano y el «recibir trompadas». A través de un hábil uso de la lengua, Plauto logra entrelazar, en el espacio de pocas palabras, una pluralidad de campos semánticos distintos que él condensa, como decimos, en una brillante serie de golpes humorísticos.

Huelga decir que el resto de la comedia contiene diversas alusiones a la *crux* —a la que el esclavo está destinado a subir—, a la *furca* —que el esclavo habrá de llevar sobre los hombros como pena y castigo—, al consabido látigo...: a toda una parafernalia de suplicios, en resumidas cuentas, a los que el *servus* se ve sometido y que, *apenas abramos la mirada*, nos revelan una cara definitivamente desagradable de la comedia. Porque se trata de invenciones metafóricas, lingüísticas, centradas en crueles suplicios destinados a los esclavos y creadas —lo cual resulta todavía más desconcertante, de nuevo si abrimos la mirada— para provocar la *risa* del espectador. En resolución: que, en este caso, las diferencias respecto a la cultura romana son aún más fuertes y desagradables que las que encontrábamos en el cierre de la sátira de Horacio. Veamos, sin embargo, qué les «preguntaría» a estos versos del *Persa* una lectura académica tradicional.

Lo primero sería poner de manifiesto la creatividad lingüística de Plauto, que de hecho es una de las características más notables de este poeta, toda vez que da vida a expresiones como *negotium ferreum* («asunto de hierro») y *tribunus vapularis* («tribuno encajagolpes»). Y a tal efecto habría que subrayar que esta última expresión constituye un *hápax legómenon* —es decir: una invención que el poeta hace sobre la marcha en esa ocasión concreta—, recordando asimismo, ya en un plano más propiamente lingüístico-gramatical, que *vapulo* es el único verbo latino que, aun teniendo diátesis activa, tiene significado pasivo («ser golpeado»). En definitiva: que, en una lectura académica tradicional, básicamente se describirían, con mayor o menor detalle, los procedimientos lingüísticos o textuales aplicados por el poeta en los pasajes en cuestión. ¿Y más allá de eso? Nada. De hecho, es llamativo que, sobre las ocurrencias que acabamos de analizar, el mejor comentario del *Persa* que tenemos se limite a subrayar la «autoironía» del esclavo: como si este estuviera bromeando sobre el tamaño de su propia nariz —a la manera de Cyrano—, y no sobre los palos destinados a su espalda[7].

7. Véase E. Woytek, *T. Maccius Plautus, Persa. Einleitung, Text und Kommentar*, Österreichischen Akademie der Wissenschaften, Viena, 1982, pp. 47 y 151.

La anestesia del cómico

> Amigo mío, es propio del filósofo eso
> que tú experimentas: estar lleno de
> asombro. Y ningún otro comienzo
> tiene la filosofía, sino ese.
>
> PLATÓN, *Teeteto*

Una vez reconocida esa desagradable diferencia que existe entre nosotros y Plauto, entre nosotros y los romanos, entre la sensibilidad moderna y la cultura antigua, ¿qué hacemos? Se ofrecen varias posibilidades. Podemos seguir, por ejemplo, la línea dura del movimiento *decolonizing classics* y dejar de leer el *Persa* porque incluye ocurrencias como las que veíamos; o bien podemos adherirnos a la línea más suave del mismo movimiento y censurar el texto en sus partes más ingratas, salpicándolo quizás de *trigger warnings*[1]. También está la opción, en el polo opuesto, de continuar como si nada, comentando a Plauto en la misma vena lingüística y filológica a la espera de que amaine el temporal... pero

---

1. Procediendo así, respetaríamos la *doxa* fundamental de lo políticamente correcto, a saber, que las cosas malvadas no pueden ser «verdaderas», siendo «verdadero» únicamente aquello que es bueno (lo cual implica asumir la premisa de que ambas propiedades son autoevidentes); véase Friedman, *Políticamente corretto...*, *op. cit.* (*cf.* en particular p. 57).

conscientes de que estamos siendo un poco hipócritas. Como puede verse, la cuestión se va complicando. Es necesario, una vez más, identificar un «sendero de cresta» que nos permita, por una parte, no precipitarnos por la ladera que lleva a la cancelación sin más de la cultura y la literatura clásicas —o a la depuración moralista-censoria de las mismas—, y que por otra parte nos impida deslizarnos hacia la pendiente del acostumbramiento rutinario, del «siempre se ha hecho así», del «no entiendo dónde está el problema», etc., ignorando las transformaciones que nuestra sociedad ha experimentado en las últimas décadas; unas transformaciones que también repercuten, se quiera o no, en el estudio de los clásicos.

En realidad considero que, para reaccionar de forma un poco más consciente ante ese Sagaristión *tribunus vapularis* que arriba veíamos, hace falta realizar dos transiciones que se implican mutuamente. La primera —que llamaría *empática*— consiste en despertar al corazón de la «anestesia momentánea» en la que, según Bergson, le hace caer el *cómico*[2]. Dicho de otro modo: cuando en una comedia de Plauto leemos ocurrencias como las arriba expuestas, no debemos dejarnos anestesiar por el hecho de que tales ocurrencias estén hábilmente construidas —lingüística y metafóricamente— *para hacer reír*, como de hecho consiguen, sino que debemos prestar atención, *empáticamente*, también al dramático trasfondo de injusticia que estas invenciones cómicas presuponen. El sentimiento de la diferencia

---

2. Véase H. Bergson, *Il riso*, Rizzoli, Milán, 1961, p. 39. [Hay trad. cast. de Guillermo Graíño Ferrer, *La risa. Ensayo sobre la significación de lo cómico*, Alianza, Madrid, 2016].

debe seguir vivo: no debemos neutralizarlo naturalizándolo. Y, si queremos seguir ateniéndonos al valiosísimo análisis de Bergson, deberíamos tener además el coraje de *aislarnos*. Pues, como el gran filósofo francés nos enseñó, «nuestra risa es siempre la risa de un grupo»[3]. Y, así, para despertar al corazón frente al *tribunus vapularis* hace falta también «salir del grupo»; concretamente, del grupo formado por todos aquellos —y son muchos: la tradición— a los que provoca siempre y solamente «risa» leer o escuchar esta invención plautina. Despertar al corazón de la anestesia momentánea en la que el cómico le ha hecho caer significa, en resumidas cuentas, salir del grupo de los que se ríen y alinearse con los que son ridiculizados.

Con referencia todavía a esta transición *empática* que proponemos realizar frente a determinadas ocurrencias plautinas, quisiéramos añadir que es necesario despertar al corazón no solo de la anestesia cómica, sino igualmente de una anestesia en general *académica*, es decir, de una forma de acostumbramiento debida, en primer lugar, al hecho de que a Plauto, igual que a tantos otros autores clásicos, tradicionalmente también se le ha estudiado como una fuente de informaciones lingüísticas, métricas, filológico-literarias, históricas..., o bien como un modelo de texto para el teatro. De ahí que, como acabamos de ver, sus comedias terminaran «congelándose» en tales enfoques. Y a ello se debe que, ante ese esclavo *tribunus vapularis* que decíamos, se ponga de relieve solamente que *vapulo* es el único verbo latino con significado pasivo y diátesis activa, omitiéndose, en cambio, que semejante

3. Véase *ibid.*, p. 40.

ocurrencia está aludiendo a un cruel suplicio como es el de ser apaleado. Tampoco hay que olvidar, a propósito de este fenómeno de la anestesia, los efectos de la *recepción* de las comedias plautinas, que supondrían una especie de anestesia retroactiva. Pues incontables son las veces que las piezas del comediógrafo de Sársina se han retomado a lo largo de la historia, mientras que escenas o tramas plautinas concretas han gozado de gran fortuna en el teatro de todas las épocas, llegando hasta el cine cómico italiano. Y en todos esos replanteamientos, en todas esas variaciones, el texto original se ha ido «depurando», de manera espontánea, de sus aspectos más desagradables o violentos, lo que retrospectivamente ha contribuido a echar sombra sobre tales aspectos también en los textos originales, o bien a generar un acostumbramiento cuando dichos aspectos se mantenían.

Una vez realizada esa transición que yo denomino *empática* —la cual presupone despertar de la anestesia cómica y de la anestesia académico-receptiva—, es necesario, sin embargo, llevar a efecto una segunda transición que podríamos llamar *histórica* y *antropológica*. Esto quiere decir, siguiendo con nuestro estudio de caso —con Plauto—, utilizar esas creaciones lingüísticas que veíamos, tan ajenas a nuestra sensibilidad actual, como sendas *aphormái*. Y eso implica que supongan, como arriba dijimos, «puntos de partida» y a la vez «recursos» para hacernos preguntas sobre Roma o, mejor dicho —una vez más—, sobre las diferencias que nos separan a «nosotros» de la sociedad antigua. Hay que evitar, en efecto, que el juicio moral reemplace a la reflexión histórica, que el deseo de «estar del lado correcto» sustituya la necesidad de saber, entender y profundizar utilizando las herramientas de la razón[4]. Y, así, en nuestro caso específico debemos preguntarnos, apoyándonos en la *aphormé* que nos ofrecen las «estridentes» ocurrencias de Plauto, cómo funciona una cultura que a todas luces *se ríe*, y quiere *hacer reír*, utilizando imágenes (para nosotros) tan crueles[5]. Queremos entenderlo. Pues lo que debe surgir en nuestra mente con la lectura de semejante texto es, precisamente, una *pregunta* de carácter antropológico, una pregunta sobre las diferencias y no una *condena* de tipo moral.

Frente al Sagaristión *tribunus vapularis*, no deberíamos cerrar el libro ni tirarlo por la ventana. Deberíamos, antes bien, cobrar conciencia de que justamente ese es el momento en que hace falta, sirviéndonos de la *aphormé* que Plauto pone en nuestras manos, dar inicio a la reflexión. Conque otra vez tenemos que seguir ese «sendero de cresta» que transcurre entre las laderas de la condena moral y la naturalización de cuanto leemos. Lo que hace falta es *entender*, reconstruir el contexto cultural del que pudieron surgir esta clase de textos y en el cual pudieron funcionar, planteándonos con ello otras preguntas: ¿por qué tanta insistencia metafórica en el cuerpo del esclavo, en los suplicios que lo martirizan? Tengamos en cuenta el hecho de que, en Roma, los castigos físicos se les imponían *solamente* a los esclavos; los hombres libres quedaban exentos. Estas ocurrencias plautinas ponían, por tanto,

4. Sobre la incomodidad —que, igual que el estupor, invita a pensar—, véanse también las bonitas reflexiones de Vesperini en *Que Faire du passé...*, *op. cit.* (*cf.* en particular pp. 73-74).
5. También en Aristófanes encontramos —*cf. Avispas*, vv. 1297-1298 y 1307— una cruel ocurrencia análoga sobre un esclavo cuando el comediógrafo inventa una etimología para *páis* («esclavo») haciendo derivar el término de *páiein* («golpear»).

en juego —y sacaban a la luz— los rasgos distintivos que caracterizaban el estatus del esclavo en cuanto tal: un cuerpo que se podía maltratar y que *debía*, de hecho, ser torturado en determinadas ocasiones (por ejemplo, en el supuesto de que el esclavo en cuestión fuese llamado a declarar ante los jueces). Pero sobre todo nos preguntamos por qué, en la comedia, ese énfasis en los suplicios tendría que hacer *reír*. ¿Acaso porque Plauto o los romanos —o ambos— eran unos sádicos? ¿Acaso porque esta clase de referencias libera a los espectadores del sentimiento de culpa? («También ocurre en la escena y mueve a risa, conque no pasa nada si lo hacemos») ¿O bien porque, considerando exagerados —una hipérbole literaria— los suplicios que se evocan a lo largo de la comedia, los espectadores se sienten aliviados en el sentido de que ellos, con *sus propios* esclavos, en realidad no se portan tan mal? La situación resulta todavía más desconcertante si tenemos presente que a la comedia también asistían, mezclados con el público de hombres libres, los esclavos[6]. Y, por último, ¿cuál era la idea de «humanidad» que en Roma compartían no tanto los filósofos y los intelectuales, sino las personas que vivían una vida corriente y frecuentaban los teatros, riéndose de ciertas ocurrencias crueles?[7]. Sin duda muy distinta de la que traslucen las obras de los filósofos —por ejemplo Séneca—, y así se abre ante nuestros ojos todo un panorama pendiente de explo-

6. *Cf.* Plauto, *Poenulus* (≈ «cartaginesillo»), vv. 23 y ss.
7. Por lo demás, el propio Plinio el Joven, tan orgulloso de su *humanitas*, al mismo tiempo defendía la ley que consideraba responsable a la totalidad de la *familia* de un esclavo cuando este mataba al patrón; véase Finley, *Schiavitù antica e ideologie moderne, op. cit.* (*cf.* en particular p. 163).

rar. Las preguntas se multiplican y las pequeñas ventanas plautinas pueden transformarse, al fin y al cabo, en sendas puertas a través de las cuales entrar *dentro* de una cultura que ya no es la nuestra y que, por tanto, debemos tratar de comprender mediante una paciente hermenéutica «de campo». Ejerciendo la cual, también tendremos, de hecho, la ocasión de abrir una serie de ventanas (comparativas) que den, esta vez, a *nuestra propia* cultura, sacando a relucir aspectos de la misma en los que correríamos el riesgo, no obstante su evidencia abrumadora, de no reparar.

Nos referimos al hecho de que también la sociedad actual ha hecho de la violencia, a través de su continua producción de obras ficcionales, materia de *entretenimiento* (exactamente igual que sucedía en el mundo romano). Las series de televisión y las películas están repletas de asesinos despiadados, descuartizamientos, ríos de sangre, vísceras que afloran de cuerpos lancinados..., y asistir a semejantes espectáculos se ha convertido para nosotros en una agradable manera de pasar una tarde o de interrumpir la monotonía de las vacaciones. No hay que olvidar, por supuesto, que los romanos recurrían a la violencia, como forma de entretenimiento, no solo en la dimensión ficcional —a través de las representaciones teatrales—, sino también en la dimensión crudamente real y concreta —es decir: en los espectáculos del circo—, mientras que nosotros, los hombres actuales, hemos trasladado a la pantalla de la televisión o del ordenador a los «gladiadores», pero sin dejar de poner en la escena a personas que luchan por su vida (cosa que aquí hacen con golpes de artes marciales, en duelos a cuchillo o en machaconas e interminables balaceras)[8]. Todo lo cual, a veces lleva incluso un toque cómico: directores y guionistas no dudan en incluir pinceladas de humor negro a expensas de personas a las que se tortura o se mata. Y, si «nosotros» también aceptamos la violencia como entretenimiento, ¿cuál es entonces *nuestro* sentido de la humanidad? Esa es la cuestión: una pregunta simétrica respecto a la que arriba nos hacíamos sobre los romanos. Huelga aclarar que tal interrogante, en modo alguno banal, jamás habría surgido en nuestra mente si no hubiéramos empezado sacando a relucir una estridente *diferencia* entre nosotros y los romanos. (O algo, mejor dicho, que parecía una diferencia... pero de pronto resulta que era una analogía parcial). Si hubiésemos querido, por el contrario, inmediatamente *cancelar* tal divergencia —sometiendo los testimonios de la cultura antigua a un filtro de carácter moral—, la reflexión que hemos hecho no habría surgido nunca.

Existe, en efecto —como nos han enseñado especialmente Clyde Kluckhohn y Clifford Geertz—, un fuerte nexo entre, por una parte la antropología, y por otra parte la atención a las «diferencias»: a las actitudes, costumbres y prácticas que nos chocan por su *diversidad* intrínseca. El antropólogo es, de hecho, aquel que, enfilando un camino de «costumbres, tiestos y cráneos extraños» —así se titula el primer capítulo del libro de Clyde Kluckhohn—[9], opta, para volver a casa, por dar el «rodeo más largo»... salvo que de repente descubra que tal es, en realidad, el camino más

8. Y eso por no hablar de que, además, por internet circulan, a modo de entretenimiento, unas terribles películas *snuff* que son filmaciones de asesinatos y torturas *reales*.

9. «Queer Customs, Potsherds, and Skulls». *(N. del T.)*.

breve para llegar al hombre[10]. También para acercarnos a la cultura clásica hace falta, así las cosas —si queremos entenderla de verdad—, mantener vivo el sentimiento de la «diferencia» —sin cancelarla— y proceder atravesando todas las implicaciones de la misma. Este principio metodológico rige exactamente igual si nos hallamos frente a diferencias que —como las que veíamos arriba— chirrían con determinados axiomas propios de la cultura contemporánea, o si las diferencias en cuestión carecen de aspectos morales, de manera que *no* manifiesten formas culturales que hoy resulten negativas, sino que denoten simplemente *alteridad*. Vamos a dar un solo ejemplo (aunque podríamos, en realidad, dar muchísimos): la religión. Se trata, en efecto, de otra valiosísima *aphormé* que la Antigüedad nos ofrece.

La flexibilidad, la inclusividad intrínseca y la evolución constante que caracterizan al politeísmo griego y romano contrastan visiblemente con las rigideces de los monoteísmos, todavía en buena parte prisioneros de sus fes en un dios único y verdadero que excluye a todos los demás. Se trata de un núcleo ideológico estructuralmente «duro», pero desconocido para las religiones de la Antigüedad clásica, las cuales se caracterizan, al contrario, por una gran apertura hacia los dioses ajenos (hasta el punto de asumirlos, de

10. Véase C. Kluckhohn, *Mirror for Man*, McGraw-Hill, Nueva York, 1949, pp. 9 y ss. [Hay trad. cast. de Teodoro Ortiz, *Antropología*, Fondo de Cultura Económica, Madrid, 1974]. Fecundo ha sido el libro de F. Remotti *Noi, primitivi. Lo specchio dell'antropologia*, Bollati Boringhieri, Turín, 1990. Ya C. Geertz insistía en la importancia de las rarezas o anomalías en la investigación antropológica; véase su texto «L'impatto del concetto di cultura sul concetto di uomo» en *id.*, *Interpretazione di culture*, Il Mulino, Bolonia, 1987, pp. 84-85. [Hay trad. cast. de Alberto L. Bixio, *La interpretación de las culturas*, Gedisa, Barcelona, 2000].

convertirlos en propios, con muchísima facilidad). Pues bien: reflexionar sobre tales diferencias permite comprender, desde dentro, qué significaba para los griegos y para los romanos ese fenómeno que llamamos «religión»: algo ciertamente muy distinto de los cultos que después sustituirían a los que se realizaban en aquel mundo antiguo. Pero la misma reflexión también permite sacar a relucir determinados aspectos de los monoteísmos que, sin esta comparación con los politeísmos antiguos, bien podrían pasarnos completamente desapercibidos, o bien antojársenos obvios y naturales (como si *todas* las religiones tuvieran que ser así por fuerza). Nos referimos, en particular, a esa exclusión general que los monoteísmos hacen de las religiones de los demás, una actitud que ha provocado —y sigue provocando— auténticos conflictos religiosos, incluso cruentos —un fenómeno que el mundo antiguo nunca conoció—, y también podríamos hablar de lo mucho que le costó al cristianismo llegar a un régimen de «tolerancia» religiosa que a los politeísmos de la Antigüedad les era, en cambio, algo intrínseco, inherente. Y habría muchos más ejemplos[11].

Nos parece, en resolución, que es precisamente ese espíritu de curiosidad comparativa lo que, en general, falta en movimientos como *decolonizing classics*. Estamos hablando de una curiosidad que se abre al mundo antiguo en lo que se refiere a los aspectos del mismo que hoy más negativos nos resultan, pero también en lo que se refiere a esos otros lados que, por su mera *diferencia* frente a lo actual, nos em-

---

11. Nos referimos en particular a las investigaciones que presentábamos en nuestro *Elogio del politeísmo*, Il Mulino, Bolonia, 2014. [Hay trad. cast. en esta colección de Carlo A. Caranci Díez-Gallo, *Elogio del politeísmo. Lo que podemos aprender hoy de las religiones antiguas*, Alianza, Madrid, 2016].

pujan a la reflexión. Desde esta perspectiva, las *classics* pueden asumir, en efecto, la función de un gran depósito de
formas, costumbres, textos, instituciones, etc., con el que
vale la pena continuar *dialogando*. A juicio de quien esto escribe, la verdadera descolonización de los clásicos consiste,
a fin de cuentas, en primer lugar en liberarlos de «nosotros» —de esa asimilación que les imponemos con nuestra
propia cultura—, y en sacar a relucir todas las diferencias
que de ellos nos separan, utilizándolas como instrumento
de reflexión. Si queremos involucrar también a los clásicos
en la batalla contra las discriminaciones —presentes y futu-
ras—, no debemos limitarnos a una condena moral de su
cultura, sino que podemos utilizarlos, antes bien, como
una herramienta de *comparación* que resulta útil para interpretar los presupuestos de esas actitudes hoy inaceptables.
Porque el careo con los modelos culturales que la cultura
antigua nos ofrece, está en condiciones de ayudarnos a entender no solamente el pasado, sino también el presente.

La fascinación de la sinécdoque

Crimine ab uno
disce omnes[1]

VIRGILIO, *Eneida*

Ese «sendero de cresta» que se ha venido abriendo ante nosotros por entre dos faldas —la del rechazo moral de los clásicos por una parte y la de hacer, por otra, como si no hubiese ningún problema—, esa senda transcurre, pues, por la
dorsal de la antropología, de la historia y de la comparación. Antes de dejar el tema del movimiento *decolonizing
classics* nos gustaría, sin embargo, sacar a relucir una última
peculiaridad que en nuestra opinión caracteriza a dicho
movimiento. El cual se nos antoja, efectivamente, prisionero de un fenómeno que vamos a denominar «fascinación
de la sinécdoque». Una situación, por lo demás, donde
también nosotros podríamos caer si prestáramos una atención exclusiva a las diferencias desagradables y estridentes
que nos separan de la cultura griega y romana.

1. «De la culpa de uno solo, / aprende a conocerlos a todos».

La sinécdoque es la figura que, según la retórica antigua, permitía representar el todo nombrando solo una parte (como cuando se dice, por ejemplo, «techo» con referencia a la «casa», o «cabeza» en lugar de «res»). Se trata de un procedimiento, como es sabido, muy común en la poesía; pero no solo. Este modo de representar la realidad, tiene el poder de *simplificarla*. Diciendo «techo» en vez de «casa» se tiene, en efecto, la impresión de haber designado *toda* la casa; pero resulta que no es así. En realidad, el resto de la construcción ha quedado fuera. Es, sin embargo, «como si» se hubiera hecho referencia a la totalidad del edificio. De ahí que la sinécdoque pueda resultar incluso atractiva, porque con ella se ahorra energía psíquica y lingüística. El poder de fascinación que la sinécdoque posee como instrumento simplificador resulta, sin embargo, aún más evidente en el caso de que esta figura no opere en el plano lingüístico, sino directamente en el social y cultural. Me explico con un ejemplo tomado de Virgilio: con un pasaje de la *Eneida* que se ha hecho además famoso, casi proverbial.

Estamos en el momento en que Eneas narra a Dido las fechorías de Sinón, el griego que convenció a los troyanos para que metieran el caballo de madera en el recinto de la muralla. Y la afirmación que nos interesa es esta: *Crimine ab uno / disce omnes* («De la culpa de uno solo, / aprende a conocerlos a todos [los griegos]»)[2]. Pues bien: es comprensible que, en ese momento, Eneas, que estaba reviviendo la caída de su ciudad y la masacre subsiguiente, estuviera especialmente encolerizado contra aquel griego traidor y contra el conjunto de los griegos. El principio que permite

2. Véase Virgilio, *Eneida*, 2, vv. 65-66.

conocer, por la culpa de «uno solo», el carácter de «todos» los integrantes de determinada población o determinado grupo —criminalizándolos—, no es, sin embargo, un principio honesto: no se puede decir que, si en aquella ocasión un griego engañó a los troyanos, todos los griegos son falsos y mentirosos. Sería como decir que, si «un» gitano una vez nos ha robado la cartera, «todos» los gitanos son ladrones. Este es, de hecho, un caso de sinécdoque cultural a cuya fascinación sucumbe bastante gente. Simplificar la realidad a través de la sinécdoque social y cultural *(ab uno disce omnes)* constituye, por tanto, un procedimiento muy cómodo: permite ahorrar energía psíquica y exime tanto de conocer, como de razonar. Salta a la vista, no obstante, que abre la puerta a la incomprensión y al prejuicio.

Volviendo a nosotros —volviendo a la relación con los clásicos y en particular con el *Persa* de Plauto, es decir, con el texto que hemos utilizado para nuestro estudio de caso—, la fascinación de la sinécdoque cultural consistiría en considerar que ciertas ocurrencias construidas sobre el suplicio del esclavo representan *toda* la comedia a la que pertenecen, la totalidad de la misma. Preocupados por identificar e interpretar las crueles diferencias que el texto de Plauto nos pone ante los ojos, podríamos quedar atrapados en esa fascinación negativa según la cual una parte del *Persa* representa el conjunto de dicha obra. Y no se trata de una hipótesis abstracta: exactamente eso sucedió en la reciente (y sucinta) introducción a otra comedia plautina, el *Epídico (Epidicus)*, donde la autora dedicaba sus buenas diez páginas a presentar el crudo régimen de opresión en que vivían, en Roma, las mujeres y los esclavos —incurriendo, por lo demás, en múltiples ingenuidades—, mientras que al resumen de la comedia le dedicaba cuatro páginas, y, a la naturaleza del teatro romano en general, solo dos[3]. No se puede sustituir la historia por la moral y, la filología, por la ideología. Veamos, antes bien, qué podría quedársenos oculto tras la fascinación de la sinécdoque en el caso del *Persa*.

Igual que ocurre en más comedias de Plauto, también en esta es un esclavo —Tóxilo— el auténtico *héroe* de la trama. Él es, en efecto, quien inventa un hilarante engaño contra el proxeneta, el eterno «malo» de las comedias plautinas, que en este caso se llama Dórdalo. Con ese objetivo dispone, pues, Tóxilo que la hija de un parásito amigo suyo —Saturión— se disfrace de princesa persa, vistiéndose de exótico acompañante de la muchacha el otro esclavo al que ya hemos visto en acción (Sagaristión). La trampa consiste en hacer que el proxeneta compre a la supuesta princesa persa, de modo que, una vez reconocida la chica como mujer libre, el proxeneta pierda el dinero que ha pagado y termine, de hecho, ante el pretor. El diálogo entre el proxeneta y la muchacha, que se muestra habilísima interpretando su papel, constituye una de las escenas más refinadas y divertidas de la comedia. Vemos clarísimo que un *gag* de esta clase podría aparecer también perfectamente en una película de Totò (si es que efectivamente no aparece en ninguna). Fijémonos, por ejemplo, en cuando el proxeneta, descon-

3. Véase C. Tracy, *Epidicus by Plautus. An annotated Latin text, with a prose translation*, Open Book Publishers, Cambridge, 2021. Añádase que las notas al texto están salpicadas de errores e incompetencias. Véase la severa reseña de W. D. C. de Melo en *Bryn Mawr Classical Review* (https://bmcr.brynmawr.edu/2022/2022.11.06).

fiando, le pregunta a Sagaristión —el falso acompañante persa— cómo se llama. El esclavo le responde lo siguiente:

Vanilocuodoro Vendedoncellórides
Trolerólides Sacacuartérides
Digoloquetemerécides Mentiriarco Embaucadoris
Siyotequítides Tunorrecuperórides. ¡Toma ya![4]

La traducción intenta reflejar como puede la increíble fantasía lingüística del poeta, quien, con ayuda de algunas desinencias típicas de los nombres propios griegos *(-dorus, -ides)*, construye una secuencia verbal donde los supuestos «nombres» del falso persa le están revelando en realidad al proxeneta, que no entiende nada, punto por punto el engaño al que está sucumbiendo. Sagaristión declara ser alguien que habla a tontas y a locas, que vende muchachas, que cuenta embustes, que «saca» dinero a la gente, que está diciendo a su interlocutor lo que se merece (¡!), que es un mentiroso y un embaucador y, sobre todo, que lo que él ha cogido, el otro no lo va a recuperar. «Por Hércules», comenta Dórdalo al final de la parrafada, «escribir tu nombre se las trae». «Es la costumbre persa», le responde tranquilo Sagaristión. «Tenemos nombres largos y complicadísimos.»

Nos hallamos ante una sarta de golpes humorísticos realizados nuevamente por condensación (descripción detallada del engaño «condensada» en forma de nombres propios). La diferencia es que, en este caso, también podemos

---

4. Plauto, *Persa*, vv. 702-705: *Vaniloquidorus Virginesvendonides / Nugiepiloquides Argentumexterebronides / Tediniloquides Nugides Palponides / Quodsemelarripides Numquameripides. Em tibi.*

reírnos tranquilamente nosotros: no hay diferencias ofensivas reseñables. Se trata, por tanto, de un pequeño ejemplo de lo que podría hacernos perder de vista la fascinación de la sinécdoque, a la que podríamos sucumbir si nos fijamos solamente en los suplicios infligidos al esclavo. También nosotros aplicaríamos, en efecto, el principio del *crimine ab uno disce omnes*, si nos quedáramos en las ocurrencias sobre el *tribunus vapularis* y no pasáramos de ahí; pero eso no sería ni correcto, ni justo. Del mismo modo —ya más en general—, el hecho de que en las *Metamorfosis* de Ovidio haya varios episodios de violencia contra mujeres podría privarnos —una vez más, por la fascinación de la sinécdoque— de la extraordinaria (e indiscutible) cantidad de mitos y relatos maravillosos contenidos en un poema de nada menos que quince libros, y el cual ha sido leído a lo largo de los siglos por miles de personas, produciendo un legado vastísimo que va desde la poesía hasta el teatro, pasando por las artes figurativas. A las *Metamorfosis* pertenece, de hecho, un libro —el decimoquinto— en el que Pitágoras propugna el vegetarianismo y condena el uso de alimentarse con carne, que tacha de ferino.

Análogamente, ensanchando más aún el espectro de la literatura antigua, la amenaza que a Davo le dirige su dueño —te pongo a hacer de «instrumento vocal» en la finca de Sabinia— podría hacernos perder de vista, con la totalidad de la producción poética de Horacio, la irónica hondura de sus *Sátiras* y *Epístolas*, o bien esas reglas del «oficio» que se dictan en el *Arte poética* y que han sido observadas, a lo largo de los siglos, por cualquiera que quisiera probar suerte escribiendo versos. También cabría, por supuesto, censurar a Séneca —no sé si a alguien se le habrá ocurrido ya— porque en una famosa epístola invitaba a los amos de esclavos a tratar a estos con más humanidad, pero no condenaba la esclavitud como institución (de hecho, él mismo poseía esclavos)[5]. Solo que entonces estaríamos olvidando que tanto el preámbulo de la Declaración Universal de los Derechos Humanos de 1948, como el propio artículo primero de la misma, remiten en última instancia a Séneca cuando definen la «humanidad» en términos de «familia» e invitan a los miembros de esta a «actuar, los unos con los otros, con espíritu fraterno». Séneca había dejado escrito, en efecto, que:

> Somos los miembros de un gran cuerpo. La naturaleza nos hizo parientes (*cognati*), porque estamos formados por los mismos elementos y tendemos al mismo fin. Nos inspiró amor recíproco y nos hizo sociables[6].

De todas formas, reprobar tanto a Séneca, como sus *Epístolas*, porque el autor no condenara expresamente la esclavitud y fuese él mismo un esclavista, eso podría tener unas implicaciones verdaderamente imprevisibles. Críticas análogas cabría hacerle, por ejemplo, a un texto y a un autor que están envueltos, al menos según cierta parte de nuestra tradición, por un aura de «sacralidad» muy otra. Me refiero a los diez mandamientos y al Dios que los dictó. Porque

---

5. Véanse las *Cartas a Lucilio*, 47, 1. Séneca era dueño de extensas fincas en Italia —en Nomentum y en Alba—, pero también tenía propriedades en Hispania, Egipto y Britania; para explotar tal patrimonio se utilizaba, sin lugar a dudas, mano de obra servil. Véase W. Sørensen, *Seneca*, Salerno Editrice, Roma, 1988, pp. 173 y ss. [Ed. original: *Seneca. Humanisten ved Neros hof* (1976)].

6. Séneca, *Cartas a Lucilio*, 95, 52.

resulta que, en el séptimo, el Señor prescribe que en el día del sábado no trabajen «ni tu esclavo, ni tu esclava»; y el mandamiento décimo prohíbe desear no solo «a la esposa del prójimo», sino también «a su esclavo y a su esclava». La doctrina cristiana se preocupó, todo hay que decirlo, de cancelar tales pasajes embarazosos; pero eso no quita que en el texto original figuren[7]. ¿Qué tendríamos que hacer, entonces? ¿Ponerles un *trigger warning* a los diez mandamientos, aunque constituyan uno de los pilares éticos de las religiones de medio mundo? ¿Condenamos al Dios del Antiguo Testamento por esclavista, igual que a Thomas Jefferson? (Bien es verdad que de Él, como es sabido, no habría estatuas que retirar...). El hecho es que, cuando se pretende hacer pasar al río inmenso de la historia por el angosto embudo de la moral, no es solamente que el agua desborde por todas partes, sino que terminamos enredados en todo género de paradojas.

---

7. Véase Éxodo, 20, 2-17, así como Deuteronomio, 5, 6-21. Sobre los mandamientos en la tradición judía, véase E. Loewenthal, *Dieci*, Einaudi, Turín, 2019 (*cf.* en particular pp. 97 y ss.).

La historia y la moral

> No habría dejado yo de describir a los hombres, aunque eso habría podido hacer que se asemejaran a seres monstruosos, [...] dado que tocan simultáneamente, como gigantes inmersos en los años, épocas muy distintas unas de otras, entre las cuales han venido a interponerse muchos días (en el Tiempo).
>
> MARCEL PROUST, *El tiempo recobrado*

Estamos hacia la conclusión de la *Recherche* de Proust; concretamente cuando, en *El tiempo recobrado*, el narrador entra «por casualidad» en la casa en que Jupien —un personaje ya bien conocido por el lector— recibe a miembros del gran mundo deseosos de satisfacer sus deseos eróticos con los favores de jovenzuelos procedentes de las clases populares. Algunos de tales jóvenes son, de hecho, soldados (estamos en tiempo de guerra). Se trata, en resumidas cuentas, de muchachos simples que hacen cuanto se les pide por necesidad —o por un poco de codicia—, y que, mientras esperan que los llamen para ponerse manos a la obra, manifiestan unos sentimientos igualmente simples hacia Francia, hacia la patria o hacia sus familias. De ahí que, la mayoría de las veces, dichos jóvenes interpreten incluso mal su papel. El cometido que están llamados a cumplir requeriría, en efecto, que perteneciesen al mundo de los duros, de los violentos, cuando no de los asesinos; pero a menudo sus crudas palabras suenan postizas, estereotipadas, torpes, lo que provoca irritación y desdén en clientes como el inevitable barón de Charlus (otro frecuentador asiduo de esta sórdida casa; cada vez más exangüe y consumido por sus vicios, pero aún más incapaz de renunciar a estos). Y es en tal punto donde encontramos una reflexión —tangencial al relato, como en esta novela es frecuente, pero inextricablemente ligada a la peripecia— que nos invita a reflexionar a nuestra vez. Porque los elementos que Proust pone en juego son precisamente la Antigüedad, la moral y la historia:

> Así, cuando estudiamos ciertos periodos de la historia antigua, nos asombramos viendo que unos seres individualmente buenos participaban, sin ningún escrúpulo, en asesinatos en masa, en sacrificios humanos, que a ellos probablemente les parecieran cosas naturales. De manera no distinta, nuestra época dará la impresión, para quienes lean su historia dentro de dos mil años, de que también sumergió a determinadas conciencias delicadas y puras en un contexto vital que entonces se antojará monstruosamente pernicioso, pero al que dichas conciencias se adaptaban[1].

La contradicción de la que parte el narrador es la misma de la que venimos ocupándonos a lo largo de este libro. Me refiero al contraste entre la moral del presente, y algunos aspectos propios de la Antigüedad que actualmente resul-

---

1. M. Proust, *À la recherche du temps perdu* (*Le temps retrouvé*), Bibliothèque de la Pléiade, Gallimard, París, 1954, vol. III, p. 837. [Hay trad. cast. *e.g.* de Consuelo Berges, *En busca del tiempo perdido. 7. El tiempo recobrado*, reed. en Alianza, Madrid, 2022].

tan inaceptables. A esto, sin embargo, Proust le añade algo
más, y es el hecho de que en la Antigüedad vemos cometer
tamañas fechorías a personas que, tomadas individualmen-
te, podemos de algún modo considerar «buenas» (conforme al criterio aplicado a los mozos que paran por la casa de
Jupien). Aquellas personas estarían convencidas, con toda
probabilidad, de que las suyas eran acciones naturales.
Pero no basta. Porque Proust es, como sabemos, un maestro del tiempo y, como tal, conoce cada pliegue del tiempo
perdido (y recobrado). Justamente por eso, sin embargo,
sabe asimismo prever las consecuencias del tiempo venide-
ro. Es consciente, así las cosas, del hecho de que también
nuestro tiempo, el tiempo del narrador y, por tanto, el de
los lectores que se van sucediendo a lo largo de los años —el
tiempo, a fin de cuentas, que en cada caso está destinado
construir nuestro *presente*—, ese tiempo, «dentro de dos mil
años», estará a su vez sujeto a una lectura que quizás lo ha-
lle «monstruosamente pernicioso», por más que las conciencias a tal tiempo contemporáneas se adaptaran —o se
adapten— al mismo sin problemas.

Quien pretenda, por tanto, juzgar el pasado con el rasero
de la moral y no con los instrumentos de la historia —es decir: fiando en las interpretaciones que solo esta última puede ofrecer—, debería ser consciente, por lo menos, del hecho de que también *su propio* presente y *su propia* moral,
que *ahora* tan autoevidente se antoja, al cabo de los «dos
mil años» de Proust —o a lo mejor mucho antes— podrá ser
objeto de una relectura que saque a relucir sus aspectos discutibles, los cuales se considerarían en ese entonces tales
por motivos que, en el momento presente, no se pueden siquiera imaginar. En ese tiempo todavía por venir será, por

tanto, materia de asombro ver que «conciencias delicadas y puras» estuvieran inmersas en un contexto, en realidad, negativo; y, sobre todo, que aquello se tuviera por algo natural. Eso hasta el momento en que la historia, si se le permite hacerlo, intente dar cuenta y razón de cuanto acaecía en aquel pasado ya remoto.

La lanza de Aquiles

> Los clásicos son libros que ejercen una influencia particular [...] cuando se esconden en los pliegues de la memoria mimetizándose con el inconsciente colectivo o individual.
>
> ITALO CALVINO, *Por qué leer los clásicos*

Llegados a este punto, sin embargo, nos vemos obligados a interrumpirnos porque se han asomado a nuestra mente dos preguntas embarazosas. La primera es la siguiente: enumerando, como hemos hecho en los capítulos precedentes, los méritos de la literatura clásica que la fascinación de la sinécdoque podría hacernos olvidar, ¿pretendemos acaso asumir una postura sacerdotal[1], como si nos erigiéramos en defensores de la civilización europea —cuyo origen residiría en la clásica— contra sus detractores?

La respuesta es, obviamente, que no. Como el lector habrá entendido, en modo alguno pretendemos alinearnos con esas mitologías ideológicas de la Antigüedad de las que arriba ofrecíamos algunos ejemplos. Menos aún pertenecemos al grupo de quienes se inclinan ante los clásicos exaltando la

---

1. La expresión es de Vesperini, *Que Faire du passé...*, *op. cit.* (*cf.* en particular pp. 54 y ss.).

inagotable riqueza del *héritage classique* o del *classical heritage*. Varias veces hemos puesto de relieve, en efecto, los aspectos hirientes, desagradables, chirriantes que la cultura clásica presenta cuando la medimos con los parámetros de los principios hoy mayoritariamente asumidos, así como hemos sostenido que la clásica no es, para nosotros, *la* cultura, sino *una* cultura entre otras. Si hemos tratado de encontrar un «sendero de cresta», ha sido precisamente para sustraernos a la insidia del sacerdocio clásico por un lado, y de la censura moralista por otro. Pero, sobre todo —y aquí viene la segunda pregunta—, ¿es *realmente* necesario recordar la importancia objetiva de las obras que los griegos y los romanos nos dejaron en herencia, no obstante todas sus fechorías? Escribir que dicho patrimonio constituye uno de los pilares sobre los que reposa buena parte de nuestro imaginario, de nuestra cultura y aun de nuestro modo de razonar, ¿acaso no equivale a inventar la rueda? Todo apunta a que, esta vez, la respuesta sea afirmativa. En descargo (parcial) nuestro podemos decir, de todas formas, que, quienes sostienen que se puede —y que, de hecho, *se debe*— prescindir de la Antigüedad, corren el riesgo, exactamente por el mismo motivo, de propugnar una tesis absurda (como quien quisiera terminar de una vez por todas con la rueda).

Ninguna reflexión sobre la relación entre «nosotros» y los clásicos puede prescindir, en efecto, de esta constatación: que la cultura griega y romana ha influido de manera determinante en la formación de la cultura europea sencillamente porque, en Occidente, las obras de los griegos y de los romanos no han dejado de leerse, estudiarse, comentarse, discutirse y reformularse nunca durante los últimos milenios. La relación que nos conecta con el mundo clásico no puede sino ser, al mismo tiempo, de *alteridad* (por las diferencias incluso macroscópicas que de dicho mundo nos separan) y de *identidad* (por los múltiples modelos de pensamiento, de cosmovisión y de lenguaje que de ese mismo mundo hemos tomado). El hecho de que incluso nuestro raciocinio se haya formado con los diálogos de Platón, con los silogismos de Aristóteles, con la sintaxis de Cicerón, con la tradición jurídica de los digestos, etc. —para continuar desarrollándose luego en la línea del pensamiento occidental—, ese hecho, iba diciendo, por muy evidente que pueda antojarse, un poco de atención sí que merece a fin de cuentas. Asumir por un momento esta perspectiva —plantando cara a los riesgos tanto del sacerdocio clásico, como de la invención de la rueda— nos permite, en efecto, acotar en sus debidos términos un punto interesante de la cuestión que plantea no solo el movimiento *decolonizing classics*, sino la cultura de la cancelación en general. Porque si resulta que cuando pensamos, examinamos, argumentamos y criticamos, al mismo tiempo (e inevitablemente) también están pensando, examinando, argumentando y criticando *con nosotros* y *dentro de nosotros* los antiguos, eso significa que, cuando incriminamos o impugnamos la cultura de estos, quienes nos proporcionan las herramientas para hacer tal cosa son (también) ellos mismos. Como escribió Alberto Asor Rosa:

> La cultura de la crítica y, por tanto, de la supresión, de la eliminación y del rechazo, es una parte integrante de la «cultura occidental»[2].

---

2. Valiosísimas son las reflexiones de este autor sobre el rechazo de los clásicos en «Classici, favole e *cancel culture*. Alberto Asor Rosa: "Siamo figli di rimozioni cultural"», en *La Repubblica*, 5 de mayo de 2021.

Es justamente *criticar* a los clásicos —como hace el movimiento *decolonizing classics*— lo que provoca, aunque parezca paradójico, que esos mismos clásicos revivan y que nos mantengamos leales a ellos. Porque así estamos aplicando la lección que nos dejaron en herencia los diálogos socráticos —cuya base es el cuestionamiento de cualquier afirmación— o la etnografía de Heródoto, tan atenta a la comparación entre las costumbres de los griegos y las de otras culturas. Lo cierto es que hasta los más severos jueces estadounidenses de los clásicos terminan siempre recurriendo, para formular sus críticas, a instrumentos intelectuales que se forjaron en el seno de esa misma cultura contra la que luchan. Cancelando la cual, estarían consecuentemente cancelando también dichos instrumentos que utilizan para combatirla: estarían cortando la rama sobre la que están sentados. Por otra parte, tampoco podemos olvidar que, aunque en determinada fase de nuestra historia se usara a los clásicos para justificar los horrores del colonialismo, en los clásicos también se inspiraron fenómenos como la Constitución de los Estados Unidos o la Revolución francesa, de la cual salió, como es sabido, la concepción de que el hombre, todos los hombres, gozan de derechos en cuanto que tales, hasta llegar al artículo segundo de la Constitución de la República Italiana. Los antiguos son como la lanza de Aquiles, que tenía el poder de curar las heridas provocadas por su propio hierro. La sociedad romana practicó la esclavitud sin miramientos, no cabe duda; pero igualmente romana es la cultura filosófica que elaboró ese concepto de *humanitas* que, con el paso de los siglos, contribuyó a dar vida a nuestros «derechos humanos», que de la esclavitud dictaron una condena inapelable.

Hablando concretamente de derechos, cuesta olvidar la inspiración que, con sus ideas de libertad, democracia, ciudadanía, libertad de palabra, tutela de las personas y de los bienes e igualdad ante la ley, la Antigüedad griega y romana ha proporcionado a la sociedad moderna, mientras que heroínas como Antígona, Clitemnestra o Medea continúan suscitando discusiones, todavía hoy, en cuanto que modelos de marginación femenina y, al mismo tiempo, de rebelión contra la discriminación (hasta el extremo de que la fortuna de tales figuras de mujer sigue siendo inmensa lo mismo en el arte, que en la reflexión jurídica). Lo quiera o no —y probablemente no lo quiera—, el movimiento *decolonizing classics* forma *parte* de esa misma cultura que aspira a destruir. Si hoy existe —si hoy cuestiona los aspectos más crueles y negativos del pasado griego y romano—, eso puede suceder porque, de ese único fondo de saber, nos han llegado no solo las formas de pensamiento necesarias para realizar tal operación de crítica intelectual, sino además las *palabras* que eso requiere.

A cuyo efecto tomemos directamente, y a modo de conclusión, las etiquetas que han hecho famosos a ambos movimientos —al de la cultura de la cancelación y al de *decolonizing classics*— y examinemos los términos de los que dichas etiquetas se componen. El verbo inglés *cancel* viene del latín *cancellare*, que efectivamente significa «cancelar» y que a su vez deriva del sustantivo *cancellus* («rejilla», «enrejado»). Se trata de una metáfora sacada de la práctica de los escribas, quienes, sobre las palabras o frases que habían de eliminar, trazaban líneas verticales y horizontales que formaban el dibujo de una auténtica «rejilla», de un auténtico «enrejado» que excluía —por así decir— del texto los términos incriminados. En cuanto al nombre inglés *culture*, nos hallamos obviamente ante la voz latina *cultura*, «cultivo» (también de las facultades espirituales). *Cancel culture* («cultura de la cancelación») constituye, pues, un sintagma latino a todos los efectos, y además dotado de un desagradable trasfondo metafórico: el del «enrejado», que evoca la imagen de quien quiere colocar estatuas, libros o acontecimientos históricos tras los barrotes de una cárcel. Censura, en resumidas cuentas: prisión para quien no nos gusta. En cuanto a la fórmula *decolonizing classics*, su transparencia latina es aún más palmaria. Si *classics* no es otra cosa que el término latino *classicus*, *decolonize* se compone, por una parte, del sustantivo latino *colonia* y, por otra parte, del preverbio *de-*, que en latín se usa para indicar privación, «fuera de», cesación (en verbos como *de-labor* [«me resbalo afuera»], *de-iungo* [«me zafo de»], *de-floresco* [«me marchito»], *de-genero* [«degenero»], etc.). O sea: que no es solo que el verbo *decolonize* esté formado por dos elementos marcadamente latinos, sino que el preverbio usado en el compuesto inglés conserva incluso la misma función *morfológica* de privación o alejamiento que presenta en latín. La lengua que se querría fuese eliminada y olvidada en la enseñanza universitaria proporciona, paradójicamente, los instrumentos léxicos y morfológicos indispensables para formular la declaración de guerra. (Y tal fenómeno se verifica de manera totalmente *inconsciente*). Lo cierto es que en Occidente, durante casi dos mil años, el latín no ha dejado nunca de enseñarse, estudiarse y aun hablarse, dando vida a nuevas lenguas que conservan su léxico y sus moldes sintácticos, o bien penetrando en idiomas de origen *distinto* a los cuales ha proporcionado buena parte de su vocabulario intelectual (como en el caso del inglés de los «descolonizadores»). El latín, nos guste o no nos guste, habla dentro de nosotros. De ahí que resulte difícil cancelarlo.

¿Quién me liberará de los griegos y de los romanos?

«Pero ahora pensemos en cenar».
Acordose de comer incluso Níobe, la de
  hermosa cabellera,
a quien en casa se le murieron ni más ni
  menos que doce hijos:
seis hijos y seis hijas en la flor de la edad.

HOMERO, *Ilíada*

Antes de Dan-el Padilla y de los partidarios más acérrimos del movimiento *decolonizing classics*, ya había habido, a lo largo de nuestra historia, múltiples revueltas contra la cultura griega y romana. Hasta el punto de que en el mencionado movimiento estadounidense actual se ha querido ver, sencillamente, la última manifestación de ese careo que es ya secular, cuando no milenario[1]. Aquí quisiéramos citar, con todo, el caso de un anatema que fue lanzado en Francia, hace ya más de dos siglos, en las formas ligeras, irónicas y elegantes que caracterizaban la cultura literaria de aquel tiempo. Muy distintas, por tanto, de las polémicas anglosajonas recientes, a veces plúmbeas y estiradas en su moralismo (o bien animadas por gente, para expresarlo con un proverbio griego, «ajena a las musas»). Los motivos de condena que formulaba nuestro autor, eran obviamente un

---

1. Véase Vesperini, *Que Faire du passé...*, *op. cit.* (*cf.* en particular pp. 83 y ss.).

poco distintos de los actuales (aunque, como veremos, la punzada dolorosa del dramatismo histórico y el peso de un juicio moral terminaban asomándose también por entre los gentiles versos que estamos a punto de reproducir). «Qui me délivrera des Grecs et des Romains?»: tal es la célebre proclama a la que nos referimos.

Este elegante alejandrino fue compuesto por Joseph Berchoux, literato y humorista francés que vivió entre 1760 y 1838[2]. Constituye el íncipit de un poemita en alejandrinos rigurosamente rimados que el editor del volumen en que aparecieron presenta bajo el rótulo *Élégie sur les Anciens et les Modernes, par un Auteur du dix-huitième Siècle*[3].

Sigue, pues, el arranque del poemita —con el verso que había de hacerse famoso—, y luego algunas partes posteriores:

¿Quién me liberará de los griegos y de los romanos?
Desde el seno de sus tumbas, esos pueblos inhumanos
han de hacer, claramente, de mi vida un horror.
Escuchad, amigos míos, mi discurso por favor.

2. Véase G. Fumagalli, *Chi l'ha detto?*, Hoepli, Milán, 1904, n.º 2277, p. 736, donde, no obstante, el verso se cita como «Qui *nous* [y no *me*] délivrera des Grecs et des Romains?» y se le atribuye a Jean Marie-Clément —quien lo habría usado en una de sus *Épitres*—, retomándolo luego Berchoux.

3. Véase LE / CENSEUR DRAMATIQUE, / ou / JOURNAL / DES PRINCIPAUX THÉÂ-TRES / DE PARIS ET DES DÉPARTEMENS [sic], / PAR UNE SOCIÉTÉ DE GENS-DE-LETTRES; / RÉDIGÉ / *Par A. B. L. Grimod de la Reyniere. / Monere non laedere.* / TOME QUATRIÈME. / *a Paris,* / Au Bureau du CENSEUR DRAMATIQUE, 1798, pp. 182 y ss. La misma obra figura, esta vez explícitamente presentada bajo el nombre de Joseph Berchoux, en pp. 165 y ss. de una recopilación de poesías publicada en 1805 (*La Gastronomie. Poème par J. Berchoux, suivi des poésies fugitives de l'auteur. Quatrième édition. À Paris chez Giguet et Michaud*).

Al poco de nacer, unos malditos rudimentos
fastidiaron mi infancia con encarnizamiento.
La lengua de los césares me era una paliza;
con mayor agrado hablaba yo la de mi nodriza.
Durante más de seis años, púseme de azotes tibio
por fineza de Cornelio, de Cicerón y de Livio.
Romanos, todos ellos, muertos hace dos mil años
y cuyos libros vetustos maldecía yo y huraños.

[...]

Harto peor fue, sin duda, cuando al teatro acudía
y jamás sino de Fedra o de Cleopatra se oía.
De Ariadna, de Dido; sus amantes, sus esposos:
príncipes todos coléricos, rugiendo como osos.
Rodoguna y Yocasta, quienes de Pélope nacieran,
otros héroes que parricidio noblemente cometieran
y tú, triste familia a la cual dé la paz Dios:
la de nunca acabar, digo, progenie de Agamenón,
cuyas antiguas yo veía por doquier discusiones,
y puestos sus homicidios en rimbombantes versificaciones...

[...]
Quería yo observar costumbres actuales,
[...]
mas no pudieron los antiguos dejarme respirar.

De modo que las principales causas del enfado de Berchoux con los clásicos fueron la gramática que este autor padeció en la infancia, y el excesivo número de personajes sacados del mundo griego y romano que pululaban por los escenarios de Francia. Hay que decir, sin embargo, que tal hostilidad también tenía razones políticas y morales. Hacia el final de la *Élégie*, la crítica del poeta salta, en efecto, a temas bastante más serios; concretamente a un severo juicio de todo el daño que los griegos y los romanos hicieron, con su ejemplo, durante la Revolución francesa. El poeta lamenta que los modernos llenasen las plazas, en la estela de los antiguos, de malvados agitadores que azuzaban la ferocidad de la turba haciendo del asesinato una virtud:

Hete aquí que mi país quísose regenerar:
mezclados griegos y romanos en las nuestras zozobras,
presidían ahora ellos las nuestras nuevas obras.
Cualquier canalla nuestro, a Roma transportado,
un héroe se creía por haberse sublevado.
Energúmenos camparon por París a montones:
los Demóstenes aviesos y los sucios Cicerones
que al estatus de virtud el homicidio elevaban
y a sus padres por emular a Bruto asesinaban.

En resolución: que, para Berchoux, los causantes de los horrores de la Revolución fueron los odiados griegos y romanos, sus supuestos ejemplos de «virtud» y, sobre todo, sus continuas injerencias en los asuntos de los modernos («mezclados griegos y romanos en las nuestras zozobras»), lo que daba lugar a un surrealista espectáculo que, bajo la máscara de los antiguos héroes, volvía a poner en escena, tergiversándolos, los *exempla* de los mismos. He aquí, de hecho, un verso digno de la más alta retórica poética:

Y nos han degollado [*sc.* los modernos] citando a los antiguos.

Sobradamente conocido es, por lo demás, el aluvión de símbolos clásicos y referencias a la Antigüedad que salpicó el proceso de la Revolución francesa hasta aquel cénit sangriento del Terror[4]. Berchoux no fue, de todas formas, el único que vio en el culto dispensado a los antiguos una de las razones que llevaron a los excesos de la Revolución: el mismo juicio negativo sobre la (nefasta) influencia que griegos y romanos habían ejercido en aquellos años recientes se extendió, sobre todo, entre los llamados *idéologues*[5]. A través de ellos —se decía— se había desarrollado una ciega veneración de los antiguos que suscitó, en los jóvenes, un entusiasmo insano y preñado de violencia[6]. Y es que, como decía Berchoux: «Nos han degollado [*sc.* los modernos] citando a los antiguos».

Pero ¿cómo reaccionó nuestro hombre a ese ascendiente desmesurado de los clásicos que él personalmente denunciara, a la arrogancia lingüística y teatral de estos, al catastrófico influjo de los mismos en la praxis revolucionaria? Pues resulta que no tardó en resignarse: restableció el diálogo con los griegos y con los romanos... y se dedicó al arte culinaria. A la cocina, sí: más adelante se hizo famoso por publicar un poema en cuatro cantos titulado *Gastronomie ou l'homme des champs à table*, en el cual exaltaba los place-

---

4. Véase Giardina y Vauchez, *Il mito di Roma...*, *op. cit.* (*cf.* en particular p. 134).
5. Véase *ibid.*, pp. 135 y ss.
6. Véase C. F. de Chassebœuf, conde de Volney, *Leçons d'histoire, sixième séance, dites aussi Leçons prononcées à l'École normale en 1795*, pp. 592-593 (https://www.institutcoppet.org/lecons-dhistoire-donnees-a-lecole-normale-1795). [Trad. cast.: *Lecciones de historia pronunciadas en la Escuela Normal el año 1795*, Monfort, Valencia, 1847]. Sobre la figura de Volney, *cf.* en particular Giardina y Vauchez, *Il mito di Roma...*, *op. cit.* (pp. 135 y ss.).

res del paladar (cosa que hacía, como es obvio, siempre en impecables versos alejandrinos)[7]. Lo cierto es que una obra con el mismo título, *Gastronomía* —o bien *Hedypátheia*—, ya la había escrito Arquéstrato de Gela, poeta griego que vivió en el siglo IV a. C. Se trataba de un poemita dedicado, igual que el de Berchoux, a las delicias del buen comer. Berchoux declara, de hecho, honestamente que su poema seguía la pauta que estableciera Arquéstrato, «poeta laureado» de la época de los griegos. La mención explícita de esta parodia homérica antigua como modelo literario de un poema gastronómico moderno demuestra que, a ojos del autor, esos clásicos no eran, bien mirado, tan severos y asfixiantes (o al menos *ya* no lo eran, una vez convertido el poeta en súbdito del emperador).

Sea como sea, debemos concluir que Berchoux, no obstante toda la buena voluntad que inicialmente en tal sentido mostrara, al diálogo con los griegos y los romanos no logró sustraerse nunca. La obra que le dio fama en su país no era, al fin y al cabo, sino una imitación de lo más frívolo que los vituperados antiguos ya hicieran antes que él. De hecho Berchoux no vio problema —con una buena dosis de cara dura— en salpicar sus alejandrinos gastronómicos de referencias a la Antigüedad, mencionando los banquetes de Patroclo y Aquiles, el cerdo asado que Ulises devoró, la glotonería de Lúculo, la de Apicio, o el rodaballo a propósito del cual Domiciano consultó incluso al Senado. («¿Con

---

7. Véase J. Berchoux, *Gastronomie ou l'homme des champs à table*, Giguet et Michaud, París, 1805. [Hay trad. cast. —«traducido libremente del francés al verso español»— de (don) José de Urcullu, *La gastronomía ó Los placeres de la mesa. Poema en cuatro cantos*, reproducción facsímil de la edición londinense de 1832, Orbigo, La Coruña, 2022].

qué salsa lo acompañaríais vosotros, *patres conscripti*?»).
¿Esto acaso significa que, de los clásicos, no se puede huir?
Quién sabe. Sea como sea, después de desgranar tantos
ejemplos de glotonería grecorromana, diríase que Berchoux tiene un momento de compunción. Dice, en efecto,
que:

> hablar de los griegos debí, y a los romanos citar;
> pero eso a mis contemporáneos no les ha de bastar.
> La hora del banquete a nuestro siglo le ha llegado:
> los poetas desdeñaron la cocina demasiado.

Ahora bien: aunque el poeta declara que pretende apar-
tar la mirada de la Antigüedad, eso ya no se debe a que
griegos y romanos sean la causa de torturas gramaticales y
teatrales, ni a que las manos de los antiguos estén mancha-
das con la sangre inocente que los franceses derramaron.
Berchoux interrumpe el diálogo con los clásicos —un diálogo que, por lo demás, ha mantenido abierto hasta ese instante— únicamente porque ahora los contemporáneos, que
son gente de buen comer, tienen ganas de oír hablar de
buenos platos y de sabrosas digestiones. Verdaderamente
tiene uno la impresión de que Berchoux anticipa los personajes que poblarán los relatos de Balzac. Diríase, en efecto,
uno de esos provincianos que, satisfechos con su bienestar,
degustan una copa de coñac tras una comilona indefectiblemente opípara:

> Nada túrbele un banquete nunca al hombre de bien.
> Puédese reír de todo, sin a la panza ofender.
> Más valor una poesía jamás tuvo que una cena.

Griegos, romanos, antiguos, modernos, polémicas gramaticales, literarias, políticas... Todo eso son menudencias: lo que importa de verdad, es comer bien. No cabe duda de que Joseph Berchoux encontró un modo más bien original de rechazar primero el mundo clásico y volver a acercarse luego al mismo. Quien un día execrara a los griegos y a los romanos terminó, en efecto, inaugurando el camino culinario a la Antigüedad.

Un poderoso presente

A lo mejor con Dios sucede igual
—dijo Hertz—. A lo mejor él también firma sin saber lo que hace.

Isaac B. Singer, *El seductor*

Como antes decíamos, actualmente hay diferencias tan difíciles de pronunciar y gestionar, que provocan auténticos
enfrentamientos con el pasado, bloqueando así nuestro *diálogo* con aquellos que nos han precedido a lo largo del tiempo y con la cultura que expresaron. La cultura de la cancelación y el movimiento *decolonizing classics* son sendas
manifestaciones de esa misma penuria comunicativa: distintas, pero con rasgos esenciales comunes. Semejante blo-
queo puede venir dado, como hemos visto, no solo por el
silenciamiento de los documentos y de las memorias que
han llegado hasta nosotros —por la cancelación de su historia—, sino directamente por la reescritura de esta con arre-
glo a modelos éticos que se consideran más acordes a la cultura del momento. Dicho de otro modo: la *historia* se
sustituye por la *moral*. Eso es lo que ocurre en la mediosfera
de la cultura de masas cuando, en aras de la inclusividad, la
serie de Netflix *Bridgerton*, o bien la que adapta *Persuasión*

—la célebre novela de Jane Austen—, introducen personajes aristócratas negros cuando todo el mundo sabe que en el Londres del siglo XVIII había, sí, muchos negros, pero eran sirvientes[1]. En este tipo de casos, lo que se hace es reescribir la memoria de las culturas pasadas con el objetivo de domesticarla, de hacerla «más buena»; y en tal categoría también caben, en general, esos frecuentes casos (bastante más graves) de revisionismo histórico que tienden a absolver de sus culpas a movimientos políticos o regímenes del pasado, queriendo hacerlos, nuevamente, «más buenos».

Por otra parte, sustituir la historia por la moral puede llevar a resultados incluso grotescos. Un desconcertante ejemplo de lo cual ofrece, de hecho, ese debate reciente sobre *decolonizing classics* del que antes hablábamos. El caso guarda relación con el sonado despido de un profesor universitario estadounidense acusado de mantener relaciones inapropiadas con una alumna. Para justificar aquella medida, una profesora de historia antigua de la University of West Georgia planteó un (desenvuelto) paralelismo ni más ni menos que con el juicio de Sócrates[2]. El cual era, desde luego, «el principal intelectual

---

1. Se calcula que, en el siglo XVIII, la población negra concentrada en Londres y en los principales puertos ingleses andaría entre las veinte mil y las treinta mil personas; estas desempeñarían, en su mayor parte, la función de sirvientes caracterizados por estos atributos: *rightlessness and powerlessness.* (Véase L. A. Thompson, *Romans and Blacks*, Routledge / Oklahoma Press, Londres / Oklahoma, 1989, pp. 55-56 y 68-69.). Tentativas análogas (y más elaboradas) de «redención» inclusiva se han llevado a cabo también con algunas comedias de Shakespeare; véase Vesperini, *Que Faire du passé...*, *op. cit.* (*cf.* en particular pp. 184 y ss.).

2. Véanse N. Williams, «Who cares about character?», en *Inside Higher Ed*, 7 de junio de 2022 (https://www.insidehighered.com/views/2022/06/08/character-judgments-scholars-matter-opinion), y Borgna, *Tutte storie di maschi bianchi morti...*, *op. cit.* (*cf.* en particular pp. 63 y ss.).

público de Atenas, donde educaba a sus alumnos *(sic)* para que fueran ciudadanos atentos y comprometidos. Al mismo tiempo, sin embargo, se dedicaba a educarlos también de otras maneras, por ejemplo, acostándose con uno de ellos, Alcibíades». Por eso, «cuando, en el año 399 a. C., los atenienses procesaron a Sócrates —a quien se acusaba de impiedad y de corromper a jóvenes—, parece que estaban juzgando, más que cualquier otra cosa, su ética». La conclusión es que, a Sócrates, el régimen ateniense no lo habría ajusticiado, como propugnan las distintas interpretaciones propuestas a lo largo del tiempo por los estudiosos, por sus posiciones políticas o por su cercanía a jóvenes como Critias o Cármides —quienes habían formado parte del Gobierno aristocrático—[3], sino por comportarse de manera «inapropiada» —como hoy se diría— con sus «alumnos», acostándose con ellos. Y, así, la condena ya no hace de Sócrates un símbolo de la libertad de pensamiento y de la valentía ante la muerte —como siempre se ha pensado—, sino un ejemplo de justicia «ética» por parte de los atenienses en materia de comportamiento sexual. Huelga insistir, naturalmente, en que se trataría, se mire como se mire, de una «ética» del todo ajena a la cultura griega en lo que se refiere a relaciones homoeróticas. ¿Qué habría pensado Sócrates de esta caricatura (políticamente correcta) de su juicio? Probablemente se habría reafirmado más aún en la idea típicamente «socrática» de que, para desarrollar cualquier actividad, es necesario poseer, antes que nada, esta virtud: la capacidad, la «competencia»[4].

---

3. Véase M. M. Sassi, *Indagine su Socrate. Persona filosofo cittadino*, Einaudi, Turín, 2015, pp. 181 y ss.
4. Véase *ibid.*, pp. 133 y ss.

Hay dificultades, pues, para dialogar con la historia, con el pasado. El cual se cancela —o bien su voz es silenciada— para superponer la nuestra, como si estuviéramos regrabando en una cinta que antes contuviera otra cosa. Pero estos problemas en el diálogo con el pasado —verificables en la pulsión censoria que anima los dos movimientos anglosajones que nos ocupan—, a nuestro parecer constituye un fenómeno que va más allá de los conflictos, de las diferencias o de las reivindicaciones específicas que cada uno de dichos movimientos manifiesta (especialmente la demanda de «inclusividad» o la protección de los «frágiles» sujetos estudiantiles). Anda consolidándose, en efecto, un fenómeno más amplio que *comprende* ambos movimientos mencionados; y ello en razón de una transformación más general que caracteriza a nuestra cultura, la cual se ve aquejada por un síndrome, cada vez mayor, de cerrazón hacia el pasado. Lo demuestran los reiterados y afligidos llamamientos a la conservación de la memoria —y en particular al estudio de la historia— que cada vez con más frecuencia nos dirigen políticos responsables —porque no todos lo son— preocupados por los efectos negativos que este auge del olvido puede provocar en nuestras instituciones democráticas; y exhortaciones análogas recibimos de los organismos educativos —por ejemplo de la escuela— y también de los intelectuales que se interesan por el destino de las mismas, lamentando que entre los jóvenes, pero no solo entre ellos, nuestro pasado común vaya asumiendo unos contornos cada vez más distantes y nebulosos[5]. De la historia —y con

---

5. Véanse en particular las reflexiones de A. Prosperi en *Un tempo senza storia. La distruzione del passato*, Einaudi, Turín, 2021 (concretamente pp. 3 y ss.).

la historia— se habla cada vez menos. Diríase que el tiempo hubiera llegado a su cénit y, por tanto, ya no tuviera sentido volver la vista atrás.

Como a menudo sucede cuando un diálogo entre dos interlocutores se interrumpe, es razonable formular la sospecha de que eso ocurra porque uno de los dos haya entablado, paralelamente, un *nuevo* diálogo con un tercer interlocutor que excluya al primero. Del mismo modo, cuando un grifo deja de echar agua —o si no sale sino un chorrito exiguo—, es buena idea mirar si la tubería de la que el agua viene no tiene alguna pérdida, causada a lo mejor por la apertura de un nuevo grifo. Creemos, en efecto, que algo parecido puede haber pasado en el caso que nos ocupa.

Es posible que nuestra cultura esté dejando progresivamente de dialogar con su pasado por haber abierto un nuevo (y más vertiginoso) canal comunicativo: el que se establece con los *contemporáneos*. Vivimos, como bien sabemos, en una sociedad presentista; también en el sentido de que tendemos a comunicarnos, cada vez más, únicamente con nuestros *peers*, con nuestros «pares» o «iguales» —con quienes viven en nuestra misma época, al mismo tiempo que nosotros—, ya se trate de amigos, de corresponsales virtuales o de agencias de noticias que nos bombardean con informaciones en tiempo real, mezclando el anuncio de una catástrofe y la publicidad de un chocolate en una única masa gelatinosa. Se trata de opiniones, ideas, noticias, imágenes y filmaciones que comparten en su totalidad, sin dis-

---

Sobre el término «memoria» —que desde hace tiempo «sustituye insidiosamente al de "historia"»—, *cf. ibid.*, pp. 7 y ss.

tinción, el mismo horizonte cultural y, sobre todo, la misma dimensión cronológica: el hoy, el presente. Nuestros diálogos se desarrollan en torno a ejes que han pasado a ser eminentemente *horizontales*, mientras que la dimensión *vertical* –la que ahonda en el tiempo transcurrido–, se va haciendo cada vez más etérea. Si el presente –la contemporaneidad– ha invadido hasta ese extremo cada rincón de nuestra experiencia cotidiana, igual de claro resulta que la comunicación con el pasado asume las características de una operación extrañante, radicalmente distinta de la que la comunicación presentista nos invita (y nos obliga) cada vez más a llevar a cabo.

A diferencia, en efecto, del mensaje de Instagram, Telegram o WhatsApp; a diferencia de la publicación de Facebook o del tuit –mediante los cuales se dialoga en un contexto de inmediata comprensión–, el pasado exige cierta forma de *desciframiento* que implica el uso de herramientas cognitivas más complejas y difíciles de manejar. El pasado, la historia, tienen, cuando se manifiestan, la fisonomía de esas letras del alfabeto que Platón asimilaba a imágenes pintadas que están ahí, ante nosotros, ciertamente muy bonitas... pero *mudas*. Porque las imágenes no saben hablar, igual que a las letras del alfabeto es necesario *darles voz* para entender lo que dicen. Eso es lo que ocurre cuando nos encontramos *no* ante un mensaje de WhatsApp –al cual se puede replicar de inmediato pidiendo nuevas informaciones al otro emisor–, sino ante un acontecimiento histórico que no está en condiciones de respondernos autónomamente, y que para poder revelarnos su propio sentido precisa, antes bien, de *aprendizaje* e *interpretación* por nuestra parte. El diálogo con el pasado solamente se puede activar

atravesando y rearticulando los testimonios de este: reco-
nectándolos —a menudo fatigosamente— con contextos que
hace falta reconstruir, porque no están expresados de manera inmediata a través de dichos enunciados del pasado.
Y, por si fuera poco, la comunicación presentista dispone,
con su voracidad inagotable y con su incesante ascenso —si
bien decae a los pocos minutos o a las pocas horas—, de una
energía extremadamente absorbente, hasta el punto de que
no deja tiempo o margen que dedicar a otro tipo de experiencias comunicativas que exijan una inversión mayor,
como es el caso del diálogo con el pasado y con la historia.

Tenemos, por tanto, la impresión de que, detrás de ese
afán de «cancelar» la historia, hay un movimiento más general: un proyecto social inconsciente que pretende con-
centrar en el presente todas las energías lingüísticas, cognitivas y emocionales de que disponemos. ¿O a lo mejor
por parte de algunos se trata de un proyecto *consciente*?
En los Estados Unidos, por ejemplo, el movimiento llamado *disrupt texts* sostiene que los jóvenes no deberían
leer historias escritas en ningún lenguaje distinto del «ver-
náculo actual»[6]. Conque es posible que realmente se trate
de borrar por completo la cultura del pasado para susti-
tuirla por un nuevo proyecto. Ahora bien: ¿por cuál?
¿Existe ese proyecto? ¿Lo conocemos? A lo mejor esa es
la pregunta que hay que hacerse. Y podemos probar a responder partiendo de una *aphormé* comparativa la cual nos
viene dada por un fenómeno que se verificó, en nuestra
historia pasada, hace más de quince siglos ya. Me refiero
al intento análogo —y, por lo demás, fallido— que enton-

6. Véase Cox Gurdon, «Even Homer gets mobbed», *op. cit.*

ces se hizo de eliminar la cultura precedente anulando su profundidad.

Nos sugiere este paralelismo el hecho de que tanto la cultura de la cancelación, como el movimiento *decolonizing classics*, tienen un toque o un componente misionero, con ese celo de que hacen gala en su afán de suprimir, purificar o corregir la cultura o las culturas que nos llegan del pasado. Como es sabido, a lo largo de los siglos los misioneros de la fe cristiana consideraron absolutamente legítimo, cuando no necesario, «cancelar» las tradiciones culturales previas a la llegada de ellos, a fin de sustituirlas o purificarlas mediante las formas de una cultura nueva que ellos consideraban se inspiraba en principios sacrosantos, indiscutibles, autoevidentes: moralmente superiores, en resumidas cuentas —por su naturaleza misma—, a los principios en que hubiera podido basarse, en cualquier otro momento, cualquier otra cultura. Sometidas, en efecto, a tal proceso de supresión, reescritura o purificación, las culturas indígenas se hacían —en la intención de los misioneros— «más buenas». De forma parecida, los apóstoles de los modernos movimientos anglosajones consideran no solo legítimo, sino de hecho *necesario*, «cancelar» la cultura anterior a su advenimiento, eliminando acontecimientos o personajes de dicha cultura que hoy chirríen, o bien adaptando tal cultura a las convicciones de ellos, modificando o purificando, como veíamos arriba, los testimonios que de la misma conservamos. No es casual que Fabio Dei haya hablado de la inspiración «catequística» de tales movimientos[7]. El paralelismo que quisiéramos proponer no apunta tanto, sin em-

---

7. Véase Dei, «La "cancel culture" come subcultura politica», *op. cit.*

bargo, a la actividad misionera de los siglos XVI, XVII, XVIII o XIX, sino a una fase distinta del cristianismo la cual nos hace retrotraernos, como antes anunciábamos, hasta hace más de quince siglos.

En su obra contra los herejes, Tertuliano (siglo III) arremetía, en efecto, contra el anhelo de «buscar» (*inquirere*) más allá del mensaje de Cristo. Una vez conocido tal mensaje —planteaba Tertuliano—, y sobre todo una vez que se ha *creído* en él, no hace falta seguir «buscando» nada más, ya que:

Cristo te ordena no buscar nada más, fuera de lo que él mismo te enseñó[8].

De ahí que, comentando las palabras de Mateo «buscad y encontraréis», Tertuliano afirmara que:

La finalidad de la búsqueda es encontrar; la finalidad de encontrar, es creer. Creyendo, *bloqueaste* (*fixisti*) cualquier tentativa de buscar y encontrar ulteriormente[9].

Y concluye que:

La *curiosidad* no nos hace falta después del nacimiento de Cristo Jesús, como tampoco indagar nos hace falta después del Evangelio[10].

---

8. Tertuliano, *Prescripciones contra todas las herejías*, 9, 3.
9. Véanse Mateo, 7, 7, y Tertuliano, *Prescripciones contra todas las herejías*, 10, 3 (la cursiva es nuestra).
10. Tertuliano, *ibid.*, 7, 12.

La curiosidad: ese es el gran enemigo; ese es el impulso que debe «inclinarse» ante la fe[11]. Se trata de la misma «curiosidad» que reprobará san Agustín, quien encontrará la raíz de dicho anhelo ni más ni menos que en el pecado original[12].

Este proyecto cristiano de circunscribir el conocimiento —la indagación, la búsqueda— a la mera palabra de Jesús, afortunadamente fracasó y, por lo demás, ni siquiera sus propios partidarios se lo tomaron verdaderamente en serio. Para demostrarlo bastaría el simple hecho de que, si una parte considerable de la literatura clásica ha llegado hasta nosotros, eso ha sido gracias a los cristianos (o, en todo caso, a pesar de ellos). Estaba claro que prescindir de la cultura pagana —cosa que hubiera significado prescindir, sin más, de *la* cultura— habría resultado imposible. Como ya observaba Eric Robertson Dodds, «aquella máxima de Tertuliano de que "la curiosidad no nos hace falta después del nacimiento de Cristo Jesús" se consideraba un escollo terrible para la conversión de las personas inteligentes»[13]. De todas formas, esa opción de no conocer que hacían

11. Véase *ibid.*, 14, 5.
12. Véase san Agustín, *Confesiones*, 10, 35 (*et alibi*). *Cf.* M. Tasinato, *Sulla curiosità. Apuleio e Agostino*, Pratiche, Parma, 1994. El problema de la actitud de san Agustín hacia la *curiositas* se presenta, en realidad, harto complejo y variado, dada la diversidad —y los diferentes objetivos— de las obras en que tal noción (re)aparece. Véase R. Horka, «*Curiositas ductrix*. Die negative und positive Beziehung des hl. Augustinus zur Neugierde», en *Studia Patristica* 70 («Papers presented at the Sixteenth International Conference on Patristic Studies, held in Oxford, 2011»), Peeters-Walpole, Lovaina / París, 2013, pp. 601-610.
13. Véase E. R. Dodds, *Pagani e cristiani in un'epoca di angoscia*, La Nuova Italia, Florencia 1970, p. 105. [Hay trad. cast. de J. Valiente Malla, *Paganos y cristianos en una época de angustia. Algunos aspectos de la experiencia religiosa desde Marco Aurelio a Constantino*, Ediciones Cristiandad, Madrid, 2010].

suya algunos seguidores de Jesús tenía un sentido muy concreto: había detrás de ella un proyecto y una certidumbre. Aquellas personas estaban convencidas de que el tiempo había marcado un punto y aparte: de que había *vuelto a empezar* con el nacimiento del Salvador y de que hacía falta, por tanto, mirar nada más que hacia delante (sin ninguna necesidad de volver la vista atrás para conocer lo que se había dicho o pensado «antes»). En cuanto al proyecto, se trataba del plan quizá más grandioso que nunca se haya concebido: la salvación individual frente a la muerte, y la redención del mundo entero frente al pecado. En semejante situación, es comprensible que algunos pensadores avanzaran la propuesta —por lo demás, nada realista— de cortar el diálogo con la cultura pasada para mantenerlo vivo únicamente con el mensaje eterno que había comunicado a los hombres el Salvador. De hecho, hay un aspecto de esa concentración exclusiva en la palabra divina que no debemos pasar por alto: como el propio Tertuliano aseguraba, el «libro» que Dios había puesto en las manos de los hombres había sido inspirado por Él mismo; Dios era el *autor* de las Escrituras[14]. Las cuales no podían compararse, en consecuencia, con ningún otro de los «libros» escritos por los hombres. De ahí que se pudiera —y se debiera— dejar de «buscar», de leer y de estudiar por otras vías. Basándose en las certezas de su libro —que había sido escrito para los hombres directamente por Dios—, el cristianismo de los primeros siglos vivió, en resumidas cuentas, un poderoso *presente* —el presente eterno del advenimiento de Jesús y de su palabra—, un «hoy» lleno de certidumbres que a su vez mi-

14. Véase *Apologeticus*, 18, 1 y ss.

raba hacia un *futuro* radiante. Estando así las cosas, tenía cabida incluso la tentación de cortar cualquier forma de diálogo con la cultura que había precedido aquella fase maravillosa del tiempo.

Algo parecido creemos que nos está ocurriendo a nosotros hoy. También nuestra cultura siente, en efecto, que está viviendo un presente poderoso, incomparable, nunca antes conocido: un presente iluminado por una tecnología cada vez más vigorosa y sofisticada en la cual todos creen, y por una ciencia en crecimiento constante... pero en la cual resulta que algunos no creen (por más que luego se beneficien tranquilamente de sus resultados). En una situación así, puede surgir la tentación de cortar el diálogo con el pasado por la sencilla razón de que «no se necesita» (o eso se piensa, al menos). En la misma medida en que se amplía el horizonte mundial conforme al proyecto globalista de la economía, se reduce el espacio reservado a cuanto tuvo lugar en el tiempo anterior a nosotros. ¿De qué me sirve conocer la historia, una vez que dispongo de la red? ¿Por qué iba a tener que leerme libros que me hablan del pasado, cuando tengo el *smartphone* para comunicarme en cualquier instante con quien vive en mi tiempo?

Un presente demasiado poderoso cancela el pasado, como hubo riesgo de que sucediera en época de Tertuliano. Solo que el público al que este apologeta dirigía sus diatribas —las cuales eran, en la práctica, sendas invitaciones a la ignorancia— tenía ante sí un futuro espléndido, o eso pensaba: una buena razón para cortar con la historia. La sociedad de hoy, sin embargo, ¿qué futuro tiene ante sí? ¿Cuál es el *proyecto* que deberíamos seguir, abandonando con ello el conocimiento de lo que vino antes?[15] A lo mejor quien posea las claves de la economía mundial conoce ese proyecto —o piensa que lo conoce—, pero el resto de los hombres y de las mujeres lo ignora. (Y cuando lo intuye, lo teme). Ese presente absoluto en el cual vivimos o creemos vivir, es en realidad tan poderoso como frágil y amenazador. Cualquiera puede darse cuenta, con poco que se fije, de que el vertiginoso avance de la tecnología y la prodigiosa evolución de la ciencia también conllevan, bien mirado, la creciente pobreza que aflige a buena parte del mundo, así como las crisis financieras recurrentes, las injusticias económicas y sociales, la precariedad, la negación de los derechos, la presencia de los fundamentalismos religiosos, las guerras, el terrorismo, las enfermedades, la contaminación cada vez mayor y el cambio climático; y al mismo tiempo se multiplica la penuria existencial que provocan la falta de trabajo, los conflictos familiares y el malestar social. Nuestro presente, que está plagado de contradicciones —de esplendores y de noches oscuras, de salvaciones y de condenas—, tiene, a fin de cuentas, todo el aspecto de ser única y exclusivamente *un* presente: uno que, al cortar el diálogo con el pasado, a lo mejor justamente por eso no logra tampoco dialogar con su propio futuro.

---

15. «Tal vez sea precisamente la ausencia de futuro lo que provoca una distorsión profunda en el sentido del pasado»: véase Prosperi, *Un tempo senza storia...*, *op. cit.* (p. 24); *cf.* también *ibid.*, pp. 113 y ss.

Apéndice bibliográfico sobre esclavitud y racismo en el mundo antiguo

Para el estudio de la esclavitud antigua se puede empezar por H. A. Wallon, *De l'esclavage dans les colonies, pour servir d'introduction à l'«Histoire de l'esclavage dans l'antiquité»*, Dezobry, E. Magdeleine et Cie, París, 1847, y por *id.*, *Histoire de l'esclavage dans l'antiquité*, 3 vols., Imprimerie Royale, París, 1847-1848 (véase ii, p. 3: «Cette plaie hideuse de l'humanité»). Sobre dicho tema de la esclavitud antigua, la bibliografía es infinita. Una admirable síntesis de las investigaciones realizadas sobre la materia hasta la publicación de su obra capital, la ofrece M. I. Finley en su *Schiavitù antica e ideologie moderne*, Laterza, Roma-Bari, 1981[1]; véase también C. Mossé, «La schiavitù è esistita?», en *ead.* (ed.), *La Grecia antica*, Dedalo, Bari, 1992, pp. 145 y ss.[2]. Una útil panorámica se encuentra en J. Andreau y R. Descat, *Gli schiavi nel mondo greco e romano*, Il Mulino, Bolonia, 2009[3]. Pero la investigación sobre este asunto está en constante desarrollo: K. Vlassopoulos, «Greek slavery. From domination to property and back again», en

---

1. Hay trad. cast. de Antonio-Prometeo Moya, *Esclavitud antigua e ideología moderna*, Crítica, Barcelona, 1982. *(N. del T.)*.
2. En trad. cast. véase quizás C. Mossé *et al.*, *Clases y luchas de clases en la Grecia Antigua*, reed. en Akal, Madrid, 1979, y C. Mossé, *El trabajo en Grecia y Roma*, trad. de Carlos Taibo, Akal, Madrid, 1980; en francés cf. *ead.*, «Grèce: l'esclavage a-t-il existé?», en *L'Histoire*, n.º 64, febrero de 1984. *(N. del T.)*.
3. Ed. original: *Esclave en Grèce et à Rome*, Hachette, París, 2006. *(N. del T.)*.

The Journal of Hellenic Studies, vol. cxxxi, 2011, pp. 115-130; *id.*, «A Gramscian approach to ancient slavery», en E. Zucchetti y A. M. Cimino (eds.), *Antonio Gramsci and the Ancient World*, Routledge, Londres / Nueva York, 2021, pp. 101-123 (también con enfoque comparativo). Incluso Dan-el Padilla Peralta contribuyó a este tema con su (bastante discutible) «Slave religiosity in the Roman middle republic», en *Classical Antiquity* xxxvi (2017), n.º 2, pp. 317-369. Sobre el racismo antiguo, ya teníamos los famosos estudios de F. M. Snowden *Blacks in Antiquity. Ethiopians in the Graeco-Roman experience*, Harvard University Press, Cambridge (Massachusetts), 1970, y *Before Color Prejudice. The ancient view of Blacks*, misma editorial y plaza, 1983. Más recientemente: B. Isaac, «Proto-racism in Graeco-Roman antiquity», en *World Archaeology* xxxviii (2006), n.º 1, pp. 32-47; E. S. Gruen, *Rethinking the Other in Antiquity*, Princeton University Press, Princeton, 2011; D. E. McCoskey (ed.), *A Cultural History of Race in Antiquity*, Bloomsbury, Nueva York, 2021, y S. F. Derbew, *Untangling Blackness in Greek Antiquity*, Cambridge University Press, Cambridge, 2022; síntesis reciente en M. Lentano, *Classici alla gogna*, Salerno Editrice, Roma, 2022, pp. 3-55.

Fuentes de las citas

El epígrafe de p. 15 está sacado de Michail Lermontov [= Mijaíl Lérmontov], *Un eroe del nostro tempo*, trad. italiana al cuidado de Paola Cometti, Utet, Turín, 1970. [Hay trad. cast. *e.g.* de Luis Abollado Vargas, *Un héroe de nuestro tiempo*, reed. en Nórdica Libros, Madrid, 2022].

El epígrafe de p. 46 está sacado de Israel J. Singer [= Israel Yehoshúa Singer], *La famiglia Karnowski*, trad. italiana de Anna Linda Callow, Adelphi, Milán, 2013. [Hay trad. cast. de Rhoda Henelde y Jacob Abecasís, *La familia Karnowsky*, reed. en Círculo de Lectores, Barcelona, 2017].

El epígrafe de p. 49 está sacado de Thomas Mann, *La montagna magica*, trad. italiana de Renata Colorni, «I meridiani», Mondadori, Milán, 2010. [Hay trad. cast. *e.g.* de Isabel García Adánez, *La montaña mágica*, reed. en Debolsillo, Barcelona, 2024].

Los epígrafes de pp. 74 y 122 están sacados de Eugenio Montale, «La storia», en *id.*, *Satura*, Mondadori, Milán, 2018. [Hay trad. cast. *e.g.* de M.ª Ángeles Cabré, incluida en *Satura*, Icaria, Barcelona, 2000].

El epígrafe de p. 131 está sacado de Walter Benjamin, *Sul concetto di storia*, ed. de Gianfranco Bonola y Michele Ranchetti, Einaudi, Turín 1997. [Hay trad. cast. *e.g.* de Jordi Maiso y José Antonio Zamora, *«Tesis sobre el concepto de historia» y otros ensayos sobre historia y política*, Alianza, Madrid, 2021, o bien la de Alfredo Brotons Muñoz *cit.* en n. 11 de pp. 129-130 *supra*].

El epígrafe de p. 174 está sacado de Italo Calvino, *Perché leggere i classici*, «Oscar» Mondadori, Milán, 2017. [Hay trad. cast. de Aurora Bernárdez, *Por qué leer los clásicos*, reed. en Siruela, Madrid, 2012].

El epígrafe de p. 189 está sacado de Isaac B. Singer, *Il ciarlatano*, trad. italiana de Elena Loewenthal, Adelphi, Milán, 2019. [Hay trad. cast. de Rhoda Henelde y Jacob Abecaís, *El seductor*, Acantilado, Barcelona, 2022].

El resto de traducciones son, si no se indica lo contrario, del autor[1].

1. En la presente edición española, tal «resto de traducciones» se da, por tanto, en versiones castellanas *ad hoc* de esas versiones italianas también *ad hoc* que nuestro autor ofrece (con la excepción de los poemas franceses de J. Berchoux del capítulo «¿Quién me liberará de los griegos y de los romanos?» —*q.v.* en pp. 182 y ss.—, para cuya trad. cast. no utilicé, en efecto, la trad. italiana *ad hoc* de nuestro autor, sino los textos franceses originales, *q.v.* escaneados, gratuitamente, en la web de la Biblioteca Nacional de Francia llamada *Gallica*; únicamente no fui capaz de localizar en el original los tres últimos versos citados en p. 187 *supra*, por lo que van traducidos, estos sí, sin más desde la trad. italiana *ad hoc* de nuestro autor). Igualmente *ad hoc* van traducidos —desde las correspondientes trads. italianas publicadas que nuestro autor reproduce— los epígrafes recién referenciados, así como los demás pasajes de otros autores que el nuestro cita en trad. italiana publicada (salvo indicación en contrario). *(N. del T.)*.